Maria von Welser

Heiter weiter!
Vom glücklichen dritten Leben

DANK

Auf dem Buchcover steht nur mein Name. Weil aber eine alleine so etwas nie auf den Weg bringen kann, bedanke ich mich an dieser Stelle herzlich bei allen, ohne die dieses Buch nichts geworden wäre.

Ich danke der Lektorin Angela Stangl, die mit klugen Anmerkungen und einfühlsamen Worten den Text an vielen Stellen noch deutlicher werden ließ.

Meiner Kollegin und Freundin Uta König, die an den richtigen Stellen kritische Fragen stellte und mir so oft und ganz schnell per E-Mail noch ihre Gedanken dazu geschickt hat.

Thomas Montasser, meinem Agenten, der immer als Erster alles abbekommt: Freude, Ärger, Kritik – und all dies stets gelassen und freundlich in die richtigen Bahnen zu lenken vermag.

Silke Kirsch, die als Redaktionsleiterin im Südwest Verlag meine Buchidee sofort begeistert aufgegriffen und auf den Weg gebracht hat – solche Frauen braucht das Land!

Und vor allem danke ich meinem Mann Klaus, der es klaglos erträgt, wenn seine Frau über ein halbes Jahr lang während des Urlaubs und an den Wochenenden stundenlang in ihrem Büro sitzt und schreibt. Er kommt dann vorbei mit »K und K«, mit Kaffee und einem Kuss. Das soll ihm mal einer nachmachen …

Verlagsgruppe Random House FSC-DEU-0100
Das für dieses Buch verwendete FSC-zertifizierte Papier
Munken Premium liefert Arctic Paper Munkedals AB, Schweden.

ISBN 978-3-517-08778-8

Hinweis: Das vorliegende Buch ist sorgfältig erarbeitet worden.
Dennoch erfolgen alle Angaben ohne Gewähr. Weder Autorin noch
Verlag können für eventuelle Nachteile oder Schäden, die aus im
Buch gegebenen Hinweisen resultieren, eine Haftung übernehmen.

Redaktionsleitung: Silke Kirsch
Lektorat: Angela Stangl, Lektorat Stangl
Bildredaktion: Sabine Kestler
Cover- und Autorenfoto: Herlinde Koelbl, Neuried/München
Layout und Satz: Nadine Thiel | kreativsatz, Baldham
Druck und Verarbeitung: GGP Media GmbH, Pößneck
Gedruckt auf chlor- und säurefreiem Papier

Printed in Germany

817 2635 4453 6271

INHALT

Es gibt kaum einen größeren Einschnitt im Leben eines Menschen

Wer behauptet, es sei einfach – der lügt. Wer glaubt, alles rücke sich mit dem Eintritt in das Pensionsalter, in den Ruhestand oder wie ich lieber sage: in das dritte Leben, schon irgendwie von alleine zurecht, der macht sich was vor. Tatsache ist, dass es kaum einen größeren Einschnitt im Leben eines Menschen gibt, als nach 40, 45 Jahren aus dem Job heraus in eine andere Freiheit zu wechseln. Sicher ist aber auch: Die wenigsten Menschen machen sich konkrete Gedanken. Sie organisieren sich nicht und bereiten sich nicht auf diese Jahre vor. Das halte ich für einen Fehler.

Weil ich selbst, nach 40 Jahren überwiegend als Festangestellte in großen Medienhäusern, vor diesem Schritt stand, schreibe ich dieses Buch. Denn ich wollte nicht »danach« in ein Loch fallen, wie ich es im Kollegen- und Freundeskreis so manches Mal erlebt habe. Vor allem Männer können sich dabei wohl schwer vorstellen, wie das Leben so ist nach der Zeit mit einem funktionierenden Sekretariat, womöglich mit Fahrer und einem großen

Unternehmen im Hintergrund. Allein zu Hause, wo der »Arbeitsplatz« von der Ehefrau schon seit Jahrzehnten erfolgreich besetzt ist ...

Sollten wir Angst haben vor dem Alter? Nein, denn Angst ist kein guter Ratgeber. Dieser dritte Lebensabschnitt kommt unausweichlich. Also heißt es: anpacken, zupacken, nachdenken und handeln. Rechtzeitig, nicht zu spät. Sicher – in dem Augenblick, in dem wir an das Alter denken, ist die Jugend vorbei. Aber deshalb alles durch das halb leere Glas sehen? Ein halb volles hilft da mehr. Für die ganze restliche Zeit.

In diesem Buch sollen nicht die Segnungen des Alters gepriesen werden. Auch nicht behauptet werden, dass das wahre Leben erst jenseits der 65 beginnt. Das wäre Quatsch. Dieses dritte Leben ist eine enorme Herausforderung. Schließlich haben wir jahrzehntelang etwas ganz anderes geübt: geregelten Alltag, sechs Wochen Jahresurlaub, freie Zeit am Wochenende und Feierabend zu Hause. Und Montag wieder um sechs, sieben Uhr raus aus dem Haus und rein in den Bus, die Bahn und den Job.

Es wird nicht einfach, diese kommenden Jahre mit Anstand und Würde zu meistern. Selbstbestimmt, denn wir sind ja nicht mehr fremdbestimmt. Klug und zupackend, nicht larmoyant und rückwärts blickend. Mit schlechter Laune und ewigem Nörgeln wird das nichts mit dem dritten Leben. Wer ein wenig bibelfest ist, erinnert sich an die wunderbare Aufforderung »mit seinen Pfunden zu wuchern«. Womit umfassend unsere Begabungen, unsere Talente gemeint sind, aus denen wir etwas machen sollen.

Auf den folgenden Seiten geht es weniger darum, Ratschläge für den dritten Lebensabschnitt zu geben. Das spielt auch eine Rolle und ist wichtig – gesund ernähren, regelmäßig bewegen und Freundschaften und Beziehungen pflegen. Vor allem und in erster Linie aber will dieses Buch Mut machen, die geschenkten Jahre gut für sich und andere zu nutzen. Immer mit dem Blick auf die eigenen Wünsche und Bedürfnisse. Aber auch immer mit einem Auge auf die Gesellschaft, in die wir hineingeboren worden sind. Wir haben über 65 Jahre Frieden erleben dürfen. Ein Wirtschaftswachstum ohnegleichen. Jeder konnte als junger Mensch den Beruf ergreifen, den er sich vorstellte, wünschte. Wir haben unglaublich viel geschenkt bekommen. Darum besteht für uns aus meiner Sicht auch die Verpflichtung zur Vita activa, wo doch die meisten von uns so gesund, fit und wirtschaftlich abgesichert diesen dritten Lebensabschnitt erleben dürfen.

Über acht Millionen Deutsche in Ost und West gehen in den kommenden Jahren in Rente oder haben diesen Schritt schon getan. Jahr für Jahr werden es mehr. 674 000 waren es 2010. Die Hälfte davon ging vor 65 in den Ruhestand. Sie alle müssen weniger Rente in Kauf nehmen. Bis zu 113 Euro im Monat – für den Rest ihres Lebens. Das kann bitter sein, wenn man sowieso schon knapsen muss und nicht ganz freiwillig aus dem Arbeitsprozess ausscheidet. Denjenigen, die sich aus freien Stücken zu diesem Schritt entscheiden, scheint das neu gewonnene Leben ein guter Ausgleich für den finanziellen Verlust zu sein. Vielleicht weil sie diese geschenkten Jahre früher und intensiver nutzen wollen? Ungeachtet des fehlenden Geldes?

Nie mehr wird wohl eine Rentnergeneration so aus dem Vollen schöpfen können wie die jetzige, der zwischen 1940 und 1955 geborenen Deutschen. Denn noch nie hatten die Menschen so viel Zeit zum Altwerden. Wir bekommen zusätzliche Jahre geschenkt. Die Demografen rechnen uns vor, dass wir in gut einem Jahrhundert rund 30 Jahre Lebenszeit dazugewinnen. Frauen werden durchschnittlich 82 Jahre alt, Männer 77 Jahre. So alt sind in Deutschland die Menschen noch nie zuvor geworden.

Dabei sind wir Deutschen da nicht mal führend: In keinem Land der Welt werden die Menschen älter als in Japan. Über 48 000 über Hundertjährige sollen dort leben, so die Statistik. Die Alten werden vom 127-Millionen-Volk geachtet, geehrt und rundum gut behandelt. Ihr Wissen, ihre Erfahrung werden auch von den Unternehmen noch geschätzt. Dazu kommt, dass sich die Japaner gesund ernähren: viel Fisch, wenig Fleisch, viel Obst, Gemüse, Salat und kaum Alkohol, der dort sowieso extrem teuer ist. In Europa werden die Franzosen am ältesten: dort leben rund 15 000 über Hundertjährige. Sind es da der Rotwein und der Käse?

So wird in diesem Buch auch das Thema Ernährung eine Rolle spielen. Wie die Erkenntnis, dass wir uns bewegen müssen. Je älter, umso mehr. Denn nur dann funktioniert unser Gehirn weiter, können wir denken, fühlen, mitfühlen und handeln. Was wir ja alle so lange wie möglich wollen. Vergessen Sie auch getrost alle Panikmeldungen zu steigenden Demenzerkrankungen. Längst bestätigen uns die Wissenschaftler, dass wir fitter und gesünder alt werden: »Die Vorstellung des Alters als einer defizitären Lebensphase ist komplett verfehlt«, sagt etwa Martin Kohli, der als Soziologe am European University Institute in Florenz über »Altern und Lebensläufe« forscht. Er beruhigt uns auch, dass wir keine Angst vor Einsamkeit im Alter haben sollten. Denn gerade im dritten Leben gelingen die Beziehungen zu den nachwachsenden Generationen. Wir müssen also den Zerfall der Großfamilie nach dem Muster aus vergangenen Jahrhunderten nicht großartig bedauern. Großeltern unterstützen solange sie können ihre Kinder und Enkel. Sowohl finanziell als auch mit Zeit, die sie ja jetzt haben. Eine Altersstudie der Hallenser Nationalen Akademie der Wissenschaften Leopoldina bestätigt zudem, dass die Älteren bis zum 80. Lebensjahr die Gebenden sind. Erst danach ändere sich die Situation.

Und das alles sollte Sie ermutigen, dieses dritte Leben durch das halb volle Glas zu sehen: Wir werden so gesund alt wie nie zuvor! Die 65-Jährigen sind so fit wie früher die 55-Jährigen. Ein 70-Jähriger kann heute geistig und körperlich so leistungsfähig sein wie ein 50-Jähriger. Noch wagt es keine Krankenkasse, einem 75-Jährigen den Ersatz des ramponierten Knies zu versagen. Ganz zu schweigen von künstlichen Hüftgelenken und Zahnimplantaten. Ersatzteil-Medizin hält die Alten auf Trab – und zusätzlich eine ganze Industrie am Laufen. Das alles sollten wir uns klarmachen und uns dessen bewusst sein. Am besten alle Artikel in der Zeitung (oder auf dem iPad) mit den Horrormeldungen über die auf uns zukommenden Pflegenotstände, die kollektive Vereinsamung und steigende Demenz der Alten beiseitelegen. Die Mehrheit der Menschen wird gesund und fit alt. Es liegt an Ihnen, wie gesund und fit Sie sein werden. Wir sind nicht »Hilflos im Alter«, wie der *Spiegel* in Heft 15/2011 warnte.

Sicher – bald ist ein Drittel der Deutschen über 60 Jahre alt. Da ist es nur logisch, dass ein Teil nicht gesund bleibt, vielleicht an Demenz erkrankt. Doch keiner sollte behaupten, eine steigende Lebenserwartung bedeute automatisch mehr Krankheit und Pflege. Alle empirischen Daten belegen das Gegenteil. Suchen Sie mal bei Google, Sie sind doch hoffentlich schon fit im Internet? Darum geht es übrigens auch in diesem Buch – ab Seite 125.

Damit das dritte Leben aber wirklich gelingt, ist es nötig, mit spitzem Bleistift die eigene wirtschaftliche Situation durchzurechnen. Was habe ich, was bekomme ich woher und was brauche ich? Brauche ich mehr Geld? Oder wird es weniger, weil sich meine Bedürfnisse verändern? Wie bin ich krankenversichert? Kann ich da etwas ändern? Umschichten, vielleicht an einer Stelle sparen und dafür woanders was drauflegen?

Dann: Jede Frau wird feststellen, dass sie nicht mehr so viel für Kleidung ausgeben muss, vielleicht sogar die Designerklamotten bei eBay oder auf dem Flohmarkt verticken kann. Was aber nicht heißen soll, dass wir uns auch im dritten Leben nicht noch schick anziehen. Nur eben anders, mit anderen Schwerpunkten. Sie werden auf den kommenden Seiten viele Anregungen für Ihr drittes Leben finden. »Zwischen Müßiggang und Engagement«, wie es mein Kollege Sven Kuntze in seinem Buch »Altern wie ein Gentleman« formuliert. Mein Anliegen ist aber noch ein anderes. Ich will Ihnen vor allem Mut machen. Freuen Sie sich auf diese Jahre! Überall gibt es Wermutstropfen, sicherlich auch in dieser Zeit. Vergessen Sie dabei nicht, dass es trotz all der guten Erinnerungen an die Berufsjahre auch viel Ärger gab. Wie oft waren Sie wegen

Ihres Jobs wütend oder ohnmächtig und empört? Wir Menschen sind erfreulicherweise so gebacken, dass wir uns beim Blick zurück meist nur an das Schöne, das Positive erinnern. Das ist auch gut so … Auch jetzt gucken wir positiv nach vorne. Keine Angst vor dem dritten Leben. Heiter weiter, mit neuen Schwerpunkten, Aufgaben und Anregungen. Leben wir im Hier und Heute. Zeit bekommt einen anderen Wert. Wir haben auf der einen Seite plötzlich viel davon – auf der anderen wissen wir sehr genau: Sie ist begrenzt. Dabei ist Altwerden in diesem Zeitrahmen so facettenreich und spannend wie nie zuvor. Machen Sie was draus – es liegt an Ihnen!

KAPITEL 1

Kassensturz – Wie viel Geld werde ich haben?

Der erste wichtige Helfer zu einem glücklichen dritten Leben ist ein einfacher spitzer Bleistift. Mit dem müssen Sie rechnen. Ehrlich und ohne Schummelei. Auf Heller und Pfennig. Denn gerade dann, wenn nicht mehr regelmäßig die Gehaltsüberweisung eintrudelt, das feste Honorar kommt oder der Scheck, gerade dann muss die Kasse stimmen. Damit Sie alles andere angehen können, was Sie so vorhaben. Also: Inventur der Geldanlagen, Aufstellung der Ausgaben. Liste möglicher Vermögen sowie eventuell eine Neuanlage oder Umschichtung von vorhandenen Werten.

Gleich vorweg zur Beruhigung: Bei den meisten Menschen in Deutschland sieht es finanziell besser aus, als sie vor der großen Zäsur geglaubt haben. Die schlaflosen Nächte, in denen Sie um vier Uhr morgens auf den Block am Bett Zahlen und Ausgabenposten notiert haben, die können Sie sich sparen. Wenn ich das doch auch rechtzeitig gewusst hätte! Was mich schlaflos liegen ließ, war die Unsicherheit, die große Frage: Wie viel habe ich denn tatsächlich? Und was brauche ich dann überhaupt? Mehr? Weniger? Wird es reichen? Wo muss ich streichen? Auf was verzichten?

Darum – nicht erschrecken – gleich zu Beginn dieses Buches ein paar Zahlen. Dazu Tipps und Informationen. Damit Sie auch weiterhin ruhig durchschlafen können. Erstens: Das Geld, das Sie im dritten Leben benötigen, kommt mit Sicherheit aus verschiedenen Töpfen. Waren Sie ein Leben lang fest angestellt, ist die gesetzliche Rentenversicherung für Sie die Haupteinnahmequelle. Da lohnt es sich schon in den Jahren vor dem Schritt in das neue Leben, Rentenberechnungen anzufordern. Mit der Renteninformation können Sie ungefähr einschätzen, welche Versorgungslücke Ihnen trotz gesetzlicher Rente bleibt. Die Information erhalten Sie jedes Jahr vom Rentenversicherer – vorausgesetzt, Sie sind mindestens 27 Jahre alt und haben mindestens fünf Jahre lang Beiträge in die gesetzliche Rentenversicherung einbezahlt. Sie können das ganze Papierpaket aber auch einfach per Internet anfordern oder bei einem Besuch bei einer der Rentenberatungsstellen in Ihrer Stadt erbitten. Die sind da sehr freundlich und hilfsbereit. Vereinbaren Sie telefonisch einen Termin und nehmen Sie sich eine Stunde Zeit, dann klappt das.

Zu Hause müssen Sie sich aber dann unbedingt ein Wochenende in Ruhe über die Zahlen setzen. Sämtliche Versicherungszeiten mit Ihren eigenen Daten und Unterlagen abgleichen. Das gilt vor allem für Frauen! Denn eine Frau und Mutter sollte sich genau die Kindererziehungszeiten ansehen. Prüfen Sie, ob eventuelle Phasen der Arbeitslosigkeit vermerkt wurden. Fehlt etwas, können Sie bei Ihrem Rentenversicherer eine Kontenklärung beantragen. Auch das geht online. Scheuen Sie sich nicht, nochmals Belege von Ihrer Schule oder Ihrer Ausbildungsstätte anzufordern. Die sind dazu verpflichtet, Ihnen alle Unterlagen zu erstellen. Weil das Zeit benötigt, ist es sinnvoll, seine Renteninformation schon beizeiten anzufordern. Nicht vergessen, wenn es Ihnen zu mühsam erscheint: Kleine Fehler kosten bares Geld. Das fehlt Ihnen dann im dritten Leben.

Dabei sollten Sie wissen: das Auszahlungsniveau der gesetzlichen Rentenversicherung wird künftig geringer sein als bei heutigen Rentner-Generationen. Denn die BfA-Rente ist kein Sparvertrag, der im Alter mit Zins und Zinseszins ausgezahlt wird. Nein, jeder eingezahlte Euro wird sofort wieder ausgegeben – an die heutigen Rentner. Konrad Adenauer hat dieses »Umlageverfahren« 1957 eingeführt. Die Jungen zahlen für die Alten. Einzahler müssen darauf hoffen, dass die folgende Generation in der Lage ist, ihre Rente zu bezahlen. Doch der Generationenvertrag wird voraussichtlich nicht funktionieren. Wir bekommen zu wenige Kinder. Die schaffen es nicht mehr, für die immer länger lebenden Senioren aufzukommen. Dass die Rentenlücke kommt, ist daher so gut wie sicher. Diese Rentenlücke müssen Sie schließen, bevor Sie in das dritte Leben starten.

Das könnte so gehen: Vielleicht haben Sie ja Anspruch auf eine Betriebsrente Ihres Unternehmens? Auch da gilt: sich früh informieren, schlaumachen über zusätzliche Einzahlungsmöglichkeiten, die später dann die Gesamtauszahlung erhöhen. Und zwar für den Rest Ihres Lebens. Dazu hat aber auch jeder Arbeitnehmer in Deutschland

Anspruch auf eine betriebliche Altersvorsorge. Ihre Firma vermittelt Ihnen zum Beispiel einen externen Finanzanbieter von Betriebsrenten. Das können Pensionskassen und -fonds sein, Unterstützungskassen oder Direkt-Versicherungen. Da können Sie flexibel einzahlen, manchmal beteiligt sich auch Ihr Arbeitgeber daran. Von Vorteil ist, dass die Kosten für solche Verträge in der Regel niedriger sind als beim Abschluss einer privaten Zusatzversicherung und die Rendite darum höher ist. Auch der Staat fördert diese Einzahlungen mit hohen Steuer- und Abgabevorteilen.

Noch ein wichtiger Baustein für Ihr drittes Leben: Die Lebensversicherung. So Sie denn eine haben. Wir Deutschen sind da aber ziemlich gut, im Sommer 2011 verbuchten die Versicherer 90 Millionen Verträge – es gab also mehr Lebensversicherungen, als Deutschland Einwohner hat. Dabei ist die kapitalbildende Lebensversicherung bisher die wichtigste private Altersvorsorge der Bürger dieses Landes. Viele Jahre einzahlen und nach dem 60. Geburtstag ein kleines Vermögen kassieren – das ist einfach überzeugend. Denn es werden zwei Fliegen mit einer Klappe geschlagen: die finanzielle Absicherung der Angehörigen im Todesfall und eine garantiert verzinste Auszahlung im Erlebensfall.

Gerade für Frauen, deren statistische Lebenserwartung höher ist als die der Männer, ist es meist rentabler, per Lebensversicherung Kapital anzusparen, als mit dem Schwesterprodukt der privaten Rentenversicherung vorzusorgen. Hier gibt es wegen der höheren Lebenserwartung niedrigere Auszahlungen. Eine Kapitalauszahlung lässt sich aber auch im Nachhinein in eine monatliche

Rente umwandeln. Das machen nicht nur Versicherungen, sondern auch Banken und Fondsfirmen.

So viel zu den möglichen Finanzquellen im dritten Leben. Viel wichtiger aber ist vor allem die Bilanz. Was gebe ich bisher aus? Was werde ich brauchen? Grundsätzlich gilt: Sie werden mit weniger Geld auskommen. Vorausgesetzt, Sie haben nicht vor, besonders teure Hobbys zu aktivieren oder Weltreisen zu machen.

Alle Statistiken sagen zum Beispiel, dass Menschen in ihrem dritten Leben in der Regel weniger Geld für Ernährung ausgeben. (Man nimmt auch schwerer ab, darum ist es sinnvoll, weniger zu essen.) Auch die Kosten für Kleidung sinken bei den meisten. Kein Wunder – Sie müssen ja auch nicht mehr täglich wie aus dem Ei gepellt am Arbeitsplatz erscheinen. Das Business-Kostümchen können Sie jetzt gut auf dem Flohmarkt oder im Internet verhökern. Die Etats für Verkehrsmittel gehen zurück. Auch weil Senioren bei der Bahn und im öffentlichen Nahverkehr günstigere Tarife bekommen. Die Spritkosten für die Fahrt zur Arbeit fallen weg. Bei einem Ehepaar vielleicht auch der Zweitwagen. Versicherungen werden billiger. Eine private Altersvorsorge, eine Lebensversicherung oder eine Berufsunfähigkeitsversicherung brauchen Sie jetzt nicht mehr. Die Risikolebensversicherung können Sie streichen, wenn die Raten für Ihre Immobilie abbezahlt sind. Nicht zu unterschätzen: Die Kinder stehen auf eigenen Beinen. Da geht also auch nicht mehr so viel Geld drauf.

So weit, so gut. Nur: Wer weiß denn jetzt wirklich, was ich monatlich so brauche? Wer ganz ehrlich antwortet: Keiner. Bankberater und Versicherungsmakler sind schnell bei der Hand mit Faustregeln. 70 Prozent des letzten Nettoeinkommens war bisher der klassische Wert für den Bedarf im dritten Leben. – Wie viel Sie wirklich brauchen werden, hängt aber von einer ganzen Reihe individuell unterschiedlicher Faktoren ab. Wie Sie auch rechnen, ziehen Sie immer Ihr Nettoeinkommen heran, weil im Alter die Sozialabgaben und meist auch die Steuern niedriger sind. Der Vergleich mit Ihrem Bruttoeinkommen führt Sie also in eine Sackgasse.

Ein kluger Vermögensberater hat mir einmal gesagt: Führen Sie in den letzten drei Jahren vor dem Ende ihres fest angestellten Lebens ein Haushaltsbuch. Ich höre Sie schon stöhnen. Das habe ich auch getan! Aber wenigstens im letzten Jahr ist es gelungen. Nicht ganz perfekt, aber wenigstens im Groben. Denn es hilft: Dabei zeigt sich, dass die größten Ausgabeblöcke im dritten Leben die Kosten für das Wohnen und für Freizeit und Reisen sind. Hier entscheidet sich, ob Sie mehr oder weniger Geld als in Ihrem Berufsleben benötigen.

Weil wir mehr zu Hause sind, verbrauchen wir mehr Strom und im Winter mehr Öl oder Gas für die Heizung. Vergessen Sie die Fachleute, die Ihnen Solarheizungen, Erdwärmepumpen oder sonstige energiesparende Einbauten im Haus verkaufen wollen – davon haben erst Ihre Erben etwas. Sie selbst werden auch bei einer 20-jährigen weiteren Lebenserwartung eine Amortisation kaum erleben. Da kann es sinnvoller sein, wenn Sie als Immobilienbesitzer Ihr Geld in einem weiteren Bausparvertrag anlegen für anstehende Reparaturen. Denn die kommen!

Was auf alle Fälle teuer und nicht zu kalkulieren ist: Ihre Gesundheit. Egal ob gesetzlich versichert oder privat.

Die Kosten steigen. Obwohl das deutsche Gesundheitssystem zu den besten der Welt zählt, wird seine Finanzierbarkeit seit Jahren schwieriger. Die gesetzlich Versicherten müssen immer mehr zuzahlen. Die privat Versicherten bekommen Jahr für Jahr höhere Beiträge aufgebrummt.

Dabei spreche ich jetzt noch gar nicht davon, dass auch unsere Malaisen zunehmen werden, die Zipperlein und Bandscheibenvorfälle, die Herzrhythmusstörungen oder der Altersdiabetes. Da läppert sich die Zuzahlung zu den Rezepten und Behandlungen. Wohl dem, der da ein Polster auf einem Extrakonto liegen hat.

Zum Schluss aber doch noch ein Wermutstropfen: die jährliche Preissteigerung. Die sollte bei einer vorausschauenden Finanzplanung für das dritte Leben eingerechnet werden. Zwei Prozent klingt eher wenig. Aber wenn die nur 20 Jahre, die wir uns ja alle in diesem dritten Leben wünschen, am Geldwert knabbern, hat das heftige Folgen. So ergeben zum Beispiel 2012 Ausgaben von 2000 Euro in 20 Jahren bei zwei Prozent Preissteigerung einen Finanzbedarf von 3000 Euro. Dabei werden aufgrund aller Prognosen die Bereiche Gesundheit und Pflege überdurchschnittlich teurer. Darum nochmals der gute Rat: Nehmen Sie einen spitzen Bleistift, suchen Sie sich Fachleute, die Sie beraten (am besten mehrere!) und freuen Sie sich dennoch auf den dritten Lebensabschnitt. Noch nie hatte es eine Generation in Deutschland so gut!

Was Sie über die Rente mit 67 wissen sollten

Seit dem 1. Januar 2012 gilt die »Rente mit 67 Jahren«. Damals, im Jahre 2007 von der rot-schwarzen Bundesregierung beschlossen, hat sie jetzt die schwarz-gelbe Koalition umgesetzt. Wer also 2012 seinen 65. Geburtstag feiert, wird einen Monat länger arbeiten müssen, um eine Rente oder eine Pension ohne Abzüge zu bekommen. Schrittweise steigt dann das gesetzliche Renteneintrittsalter bis 2029 von 65 auf 67 Jahre an. Bis zum Jahr 2023 wird die Lebensarbeitszeit jedes Jahr um einen Monat verlängert, danach in Zweimonatsschritten. Arbeitnehmer des Geburtsjahrganges 1964 werden die Ersten sein, die bis zum Alter von 67 Jahren arbeiten müssen, um die volle Rente ausbezahlt zu bekommen. Ausnahmen: Wer 45 Versicherungsjahre nachweisen kann, darf auch weiterhin mit 65 Jahren ohne Abschläge in Rente gehen. Dazu zählen neben den Beitragsjahren auch Zeiten von Wehr- oder Zivildienst, Kindererziehung oder Pflege. Auch Beamte dürfen nach 45 Dienstjahren einschließlich der Wehr- und Pflegezeiten ohne Abzug in Pension gehen.

KAPITEL 2

Der erste Tag im neuen Leben

Die Blumen stehen noch mit ihren Schleifen in den Vasen, die Geschenke sind erst zum Teil ausgepackt. Morgen früh klingelt er nicht, der Wecker, nicht um sechs Uhr früh. Nie mehr um sechs Uhr früh. Ich weiß ehrlich noch gar nicht, wie ich das alles finden soll. Es war so viel Trubel. Die letzten Wochen noch in Tokyo, im ARD-Studio. Quasi an der Basis meines ursprünglichen Berufes: als Reporterin, als Studioleiterin, Korrespondentin. Glücksgefühle zuhauf. Nichts zu spüren vom Abschied aus dem Beruf, gar keine Zeit dazu. Keine Wehmut.

Dann doch, obwohl erst abgesagt, weil ich in Tokyo war, ein Abschied. Vormittags um elf Uhr. Der Intendant redet, sehr herzlich, sehr persönlich. Ich komme gar nicht dazu, alle zu begrüßen, geschweige denn, mich von allen zu verabschieden. Ich fühle mich wie in einem Film. Ein wenig fremd, beklommen. Das alles hat mit mir zu tun? Ich mag es nicht glauben.

Die Kolleginnen und Kollegen haben sich hübsch gemacht. Ich fühle mich umhüllt von Wärme und Sympathie. Das war gestern. Und heute ist es vorbei.

Wehe dem, der behauptet ein Abschied sei einfach. Es ist nicht einfach, nach 40 Jahren im Berufsleben aufzuhören. Die täglichen Rituale, der Rahmen, alles das fällt weg. Wie haben wir uns auf die luxuriösen sechs Wochen Urlaub im Jahr gefreut! Wie kleine Kinder die Urlaubszeiten über Feiertage gelegt, damit es mehr wurde. Mehr an freier Zeit. Jetzt ist immer frei. Für den Rest des Lebens. Kann man sich daran gewöhnen? Ich kenne Rentner und Pensionäre, die immer behaupten, keine Zeit zu haben. Die stets vorgeben, im Stress zu sein, und schon gar nicht mal spontan unter der Woche mit ins Kino gehen können.

Das kann es doch auch nicht sein. Aber was dann?

Mit ziemlichem Entsetzen habe ich beobachtet, wie manch männliche Kollegen den Schritt in den Ruhestand, in die Pension verleugnet haben. Wie sie keine Verabschiedung wollten. Dafür ganz sang- und klanglos vom Acker zogen. Nicht mal eine Übergabe organisierten für ihren längst gewählten Nachfolger. Nur ein Anruf: »Du kannst jetzt kommen, der Schreibtisch ist geräumt.« Die in der Woche darauf die Möbel in ihrem Domizil packten und ganz weit weg zogen vom Arbeitsumfeld, dem sie 25 Jahre eng verbunden waren. Wo sie zwei Drittel ihrer wachen Zeit verbracht, ihr Leben gelebt haben. Die Kolleginnen und Kollegen zu Freunden geworden sind. Und dann – ganz weit weg. Ist das der richtige Weg? Ich habe da so meine Zweifel.

Nachts kommen die Gedanken. Auch die Angst. Das will ich nicht verleugnen. Was mache ich, wenn die Hauptaufgabe wegfällt? Der große Sender mit dem wunderbar funktionierenden Sekretariat, der Referentin, den Fahrern und Dienstwagen. Den festen Terminen in den Gremien, die meist schon im September für das kommende Jahr in die Kalender eingetragen werden. Die freigeschaufelten Lücken für die eigenen Ideen.

Was will ich? Was kann ich? Wofür bin ich auf der Welt? Eine solche Zäsur nach Kindheit und Jugend und über 40 ausgefüllten Berufsjahren zwingt zu elementaren Erkenntnissen. Hilft ein Plan für das Alter? Ganz dicht und vollgepackt? Wie einst der Terminkalender, über den die Sekretärinnen herrschten und viel weniger ich selbst?

Die kluge Wissenschaftlerin und Schriftstellerin Hannah Arendt hat mich schon früh mit ihrem Buch »Vita activa oder vom tatigen Leben« bewegt. Ist es das, wozu wir auf der Welt sind? Aktiv sein bis zum letzten Atemzug? Und: Aktiv – nur wo?

»Du sollst mit deinen Pfunden wuchern«, so steht es in der Bibel. Ein Satz, den ich gerne zitiere. Wenn mir mal wieder jemand sagt: Du machst zu viel. Im dritten Leben weiterwuchern? Es gehen einem so viele Gedanken durch den Kopf, wenn das Ende des Berufslebens näher rückt, der Monat, die Woche, der Tag.

Wichtig war mir, dass ich den Tag selbst bestimmen konnte. Sicher, der 65. Geburtstag steht fest. Das Ende meines Vertrages ist fixiert. Dennoch kann man sagen, wann man gerne ausscheiden möchte. Das war mir wichtig, selbstbestimmt, nicht fremdbestimmt. Ich wollte ein wenig vor dem 65. Geburtstag gehen. Auch nachdem ich mir alles gut ausgerechnet hatte. Vorher sind unzählige Listen entstanden: die einfachen To-do-Listen für den »technischen« Kram: BfA-Rente abfragen, Pensionsleistungen der Sender checken und prüfen lassen. Ich war ja immerhin nach dem Münchner Merkur und der Abendzeitung beim Bayerischen Rundfunk, beim ZDF und zum Schluss beim NDR fest angestellt gewesen. Mit mehreren Fachleuten die Finanzen prüfen, Lücken aufspüren. Konzepte entwerfen. Das Schwierigste war die Rechnung, was ich im dritten Leben tatsächlich brauchen würde. Den ehrlichen Berater erkennen Sie an der ehrlichen Antwort: »Das kann ich Ihnen nicht sagen.«

Die kompliziertere Liste befasste sich mit meinen Neigungen und Fähigkeiten. Als Journalistin habe ich schreiben gelernt. Das würde ich immer weiter ausüben können. Frage nur: Wo, für wen? Ehrenamtliches Engagement gehört für mich zum Leben dazu. Im Hochschulrat der Universität Hamburg bin ich jetzt schon seit 2003. Mitglied im Komitee von UNICEF seit 1993 und seit 2008 im Vorstand. Das will ich auf alle Fälle weitermachen. Dann gehen mein Mann und ich gerne in Konzerte und Opern. Ich früher gehetzt aus dem Büro, in dem ich mich noch schnell in Schale geworfen hatte. Bewegung ist mir wichtig, Sport, frische Luft und und und … wie das alles neu organisieren? Sinnvoll unter einen Hut packen?

Aus den Münchner Jahren ist mir eine Kollegin noch gut in Erinnerung. Nach ihrer Zeit als fest angestellte Redakteurin einer Monatszeitschrift begann sie Menschen zu beraten. Coaching nennt sie das. Könnte das nicht auch mir helfen? Meine Gedanken klären, ordnen? Ich mache einen Termin. Sie sagt, es wird einen ganzen Tag dauern. Na denn … auf nach München. Wir Journalisten sind doch gut im Recherchieren. Jetzt betreibe ich »Eigenrecherche«.

Und sehe dem dritten Leben ein wenig gelassener entgegen. Geordneter. Schon allein das beruhigt.

Doch da gibt es auch noch eine ganz private Liste, die in diesem dritten Leben eine Rolle spielen soll. Die privaten Kontakte. Bestehende Freundschaften pflegen, verloren gegangene neu beleben, aktivieren. Die Enkelkinder und Kinder öfter sehen. Mit meinem nachsichtigen und einfühlsamen Mann mehr Zeit verbringen. Schließlich hat er doch seit seinem Eintritt in den Ruhestand alle Umzüge und beruflichen Neuanfänge seiner Frau klaglos mitgetragen. Und nur guten Freunden verraten, dass er sich auf meine »Zeit danach« sehr freut und so sehr hofft, dass ich dann mehr Zeit für ihn habe.

Dann gibt es im Haus so viele Ecken und Räume, die ich gerne ordnen will: die Vorratskammer, die Garage, der Schrank meines Mannes, seine Schubladen … und dann alles wegpacken für den nächsten Flohmarkt-Einsatz oder fotografieren für Internet-Verkäufe.

Auch der Garten harrt meiner kreativen Hand. Die Arbeit springt mir schier ins Auge. Hier beschneiden, dort neu pflanzen. Die Bäume dort hinten müssen weg. Viel zu groß, werfen sie lange Schatten. Manche Büsche bedürfen einer neuen Form. Ich weiß aber auch: Irgendwann ist das alles gemacht. Und dann? Immer so weiterwuseln, neue Termine ausmachen, eintragen, vorbereiten. Listen anlegen und sie abarbeiten. Ist das dann nicht eher wie im Berufsleben, nur an anderen Orten?

Sicher: Es hilft im ersten Jahr danach. Geplantes Altern erscheint mir eine kluge Brücke. Planloses Altern ist kein Konzept. Zwischen all den Aktivitäten und Vorträgen, manchen Golfrunden und Heckenschnitten bleibt aber doch auch Zeit zum Innehalten. Vielleicht weil der Körper nach einer Pause verlangt? 40 Jahre in Redaktionen, vor Ort in fremden Ländern, in Schneideräumen und Studios gehen nicht spurlos vorüber. Die Fitness lässt zu wünschen übrig und beim Ruhen kommen dann ganz andere Gedanken auf. Was, wenn die Psychologen recht haben mit dem »Loslassen-Lernen«? Mit dem »Entdecken der Langsamkeit«, was Sten Nadolny so perfekt beschrieben hat? Wenn wir uns tatsächlich aus dem bisherigen Lebensmuster verabschieden müssen und sollen, sollten wir dann vielleicht, wie beim Verlust eines lieben Menschen, ein Trauerjahr einlegen? Damit etwas Neues, Echtes, Authentisches entstehen kann?

Heiter weiter – ja. Aber genauso? Ganz sicher nicht. Wohl dem, der Menschen um sich hat, bei denen er sich wohl und geborgen fühlt. Einen Partner im wahrsten Sinn des Wortes. Freunde, die man notfalls auch nachts anrufen kann. Die eigenen Kinder sind da meistens weniger hilfreich. Denn die stecken ja selbst oft mittendrin in ihrem zweiten Leben und haben Karriere und die eigenen Kinder auf dem Radarschirm. Enkel können beglücken. Auch weil wir nicht mehr in vorderster Front stehen mit der Verantwortung für sie.

Menschen meiner Generation haben das unglaubliche Glück, über 65 Jahre Frieden erlebt zu haben. In einer stets weiter prosperierenden Gesellschaft. Finanzkrise und Eurokrise waren für manche von uns schmerzhaft. Im Kern war unsere Gesellschaft dennoch unglaublich gefestigt: Wir hatten keine Probleme, nach der Schule und unserer Ausbildung einen Beruf zu ergreifen. Wir wussten, dass wir einen Job finden. Unsere Kinder und Enkel haben es da schwerer. Wir konnten arbeiten, Urlaub machen, sparen, manche gar Vermögen ansammeln. Darum ist es für mich selbstverständlich, dass ich in meinem dritten Leben dieser Gesellschaft etwas zurückgeben möchte. Meine Kompetenz, mein Wissen weiterreichen. Ohne Geld. Im Ehrenamt oder in einem sozialen Engagement. Eine Hilfsorganisation wie UNICEF ist für mich da ein guter Bereich. Auch die Universität. Oder das Freiwilligen-Forum, für das mein Mann tätig ist. In einer Gemeinschaft von Menschen, die in unserer Umgebung Nachbarschaftshilfe organisieren. Sie gehen für alte Menschen einkaufen, suchen bei Bedarf einen Heimplatz. Kommen mit Kuchen zum Kaffeetrinken und Reden oder machen Telefondienst für Rat- und Hilfesuchende.

Aber es bleibt spannend: Was erwartet mich tatsächlich? Werde ich mich einfinden in einen neuen Rhythmus? Länger schlafen, länger frühstücken, später Zeitung lesen? Nicht mehr zwischen sechs und sieben Uhr am Morgen? Wird es mir etwas ausmachen, nicht mehr »dabei« zu sein? Auf den Einladungslisten der Events mit den roten Teppichen, wenn der Bürgermeister zum Matthiae-Mahl bittet? Sich in Berlin oder München die Branche trifft?

Der erste Tag im dritten Leben geht zu Ende. Bisher habe ich unter der Woche nicht gekocht, ich war ja auch gar nicht da. Mein Mann hat sich selbst versorgt, wie er es so schön nennt. Aber jetzt jeden Tag mittags was Warmes? Auch das will neu organisiert werden, besprochen und geklärt. Nicht alles heute Abend. Nein – ein Spaziergang durch das Moor scheint mir der richtige Ausklang. Es ist Herbst. Die Heide blüht zum zweiten Mal. Das Laub leuchtet rot und braun in der Abendsonne. Einen warmen Platz mit einem weiten Blick, das hat sich Ernst Jünger immer gewünscht für seinen Lebensabend. Im Wittmoor gibt es einen solchen Platz, eine Holzbank neben einer Birke, mit einem Hang, der sanft hinunter ins Moor gleitet. Gut zum Innehalten. Sich neu sortieren. Mitten in der Natur und nah bei sich selbst. Dann wird sich schon alles richten. Morgen, im dritten Leben.

KAPITEL 3

Ein Ehrenamt wäre schon was für mich – nur welches?

Das mit dem Geld ist geklärt. Es wird reichen, auch wenn Sie keine großen Sprünge machen können. Das mit der neuen freien Zeit steht auf einem ganz anderen Blatt. Einem weißen, leeren. Vielleicht erst mal nur mit einem großen Fragezeichen darauf? »Wenn man nicht mehr arbeitet, wird man leicht unsichtbar«, sagt die Psychologin und Dekanin am Jacobs-Zentrum für lebenslanges Lernen Ursula Staudinger.

Unsichtbar? Darauf haben Sie sicher gar keine Lust. Ganz im Gegenteil: Sie wollen sich jetzt im dritten Leben sichtbar einbringen in die Gesellschaft. Etwas zurückgeben. Auch ohne Geld.

Sollten Sie zu denjenigen gehören, die erst mal den ganzen Rummel und die Aufregungen rund um den Berufsausstieg hinter sich bringen wollten und noch so gar keine Idee haben, was sie dann anpacken könnten, empfiehlt sich das Internet. Ein Klick bei Google: Eingabe »Ehrenamt«. Es wird Sie erschlagen. Wenn Sie dann immer noch ziemlich ratlos sind (was wahrscheinlich ist):

Ehrenamts-Börse. In fast jeder größeren deutschen Stadt präsentieren sich einmal im Jahr alle Organisationen, die auf ehrenamtliche Helfer dringend angewiesen sind. Wie auf einer Messe können Sie von Stand zu Stand gehen, Informationen sammeln, mit den Menschen am Stand sprechen und sich beraten lassen. Oder: die Kirchen. Die brauchen immer Menschen, die sich einbringen. Sei es in Altenheimen, Kinderkrippen, ergänzend an den Schulen oder im Nachbarschaftsdienst. Sie werden sehen – es findet sich genau das Richtige für Sie.

Wir Deutschen sind übrigens ziemlich gut, was Ehrenämter angeht: 23 Millionen haben sich regelmäßig verpflichtet. Ein, zwei Tage die Woche, einmal im Monat, ein paar Wochen im Jahr. Auch und gerade die Älteren engagieren sich. Das liegt zum einen daran, dass die Menschen heute fitter sind als noch vor zehn Jahren. Hinzu kommt, dass die jetzigen Ruheständler und Pensionäre ganz anders sozialisiert sind: die 68er-Generation geht in Rente. Für die kommt der Lehnstuhl gar nicht infrage. Sicher, sie wollen nicht die 60-Stunden-Woche eines Managers zum Modell für das dritte Leben erklären. Lernen, Arbeiten und Muße sollten dagegen in allen Phasen des Erwachsenenlebens in eine gute Balance gebracht werden. Auch und gerade in diesem neuen Lebensabschnitt.

Dabei erfahren Sie als Ehrenamtlicher auch etwas ganz Wunderbares: Sie bekommen etwas zurück. Sie merken, dass Sie etwas wert sind, auch außerhalb Ihrer bisherigen Berufstätigkeit. Das tut jedem Menschen gut. Das hält geistig und körperlich gesund, bewahrt vor Depressionen und Zipperlein. Es ist das beste Mittel gegen das Unglücklich-Sein. Gegen Einsamkeit und Trauer.

Sie können sich also vorstellen, in einem Ehrenamt tätig zu werden? Dann lassen Sie mich kurz etwas über die Entwicklung dieses geschichtlich interessanten Aufgabenbereiches erzählen. Denn in allen Gesellschaften und historischen Epochen haben sich Menschen allein oder gemeinsam mit anderen für das Gemeinwohl engagiert. Dabei lassen sich die Wurzeln des heutigen Ehrenamtes bis in das 18. Jahrhundert zurückverfolgen. Seit dieser Zeit hat das Ehrenamt einen langen Weg zurückgelegt:

- von der Einbindung des erstarkenden Bürgertums in die kommunale Selbstverwaltung durch die preußische Städteordnung bis zum heutigen politischen Ehrenamt,
- vom »Elberfelder System«, das Mitte des 19. Jahrhunderts die kommunale Armenfürsorge und deren Kontrollen ehrenamtlich bestellten Bürgern überantwortete und sich zum Sozialamt moderner Prägung entwickelte,
- vom karitativen Wirken in Orden, Klöstern und Kirchengemeinden zum kirchlichen und sozialen Ehrenamt,
- von den Frauen der ersten bürgerlichen und proletarischen Frauenbewegung, denen es um Arbeit, (Aus-)Bildung und politische Rechte ging, bis zum heutigen Ehrenamt in Frauenverbänden und der Herausbildung sozialer Berufe
- bis zu den unendlich vielen Vereinen und Zusammenschlüssen auf den Gebieten des Sports, der Kultur, der Geselligkeit, der Politik.

Sie staunen? Kein Wunder! Das Feld ist weit und kaum überschaubar.

Wichtig ist aber zu wissen: Ehrenamtliche Tätigkeit kann und darf kein Ersatz für hauptberufliche Aufgaben sozialer Fachkräfte und keine stille Korrektur sozialpolitischer Fehlentwicklungen sein. Ehrenamtliche Tätigkeit ist ein eigenständiges und selbstbestimmtes Betätigungsfeld, bürgernah, unbürokratisch (hoffentlich – sonst lassen Sie's!) und für die Beteiligten unmittelbar erfahrbar. Es gibt so viele Bereiche, in denen ehrenamtliche Fähigkeiten und Talente in Deutschland gebraucht werden. Überlegen Sie sich einfach, was Ihnen ein Herzensanliegen ist. Sie können sich einbringen:

- im Bildungs- und Erziehungssystem,
- in der Kirche,
- in der Wohnungslosenhilfe und im sozialen Bereich,
- im Gesundheitssektor und in der Pflege,
- in der Kinder- und Jugendarbeit,
- im Sport,
- in der Politik und in Ihrem unmittelbaren Wohnumfeld,
- im Umwelt-, Landschafts-, Natur- und Tierschutz,
- im Wirtschafts- und Arbeitsleben,
- im Rechtswesen, zum Beispiel als Laienrichter,
- in der Entwicklungshilfe und in der Menschenrechtsarbeit,
- im Rettungswesen und
- im Katastrophenschutz.

Wenn Sie dies jetzt alles lesen, dann lassen Sie sich nicht entmutigen: klein anfangen, vielleicht erst mal nur hingehen und zusehen. Wenn Sie sich dort nicht wohlfühlen, ruhig wieder gehen. Ein Ehrenamt sollte Ihnen auch Freude bereiten. Nicht nur den anderen.

Noch etwas, das Sie wissen sollten: Zum 1. Januar 2000 wurde die sogenannte Übungsleiterpauschale von zuvor 1200 Euro auf 1848 Euro erhöht und in einen Steuerfreibetrag umgewandelt. Dazu wurde der Kreis der Begünstigten erweitert. Neben Übungsleitern zählen jetzt auch Ausbilder, Erzieher und Betreuer dazu. Steuerbegünstigt sind außerdem bestimmte künstlerische Aufgaben sowie nebenberufliche Tätigkeiten bei der Pflege alter, kranker oder behinderter Menschen. Das ist sicherlich ein interessanter Punkt für alle, die im dritten Leben gerade mal so recht und schlecht mit ihrer Rente oder ihrer Pension über die Runden kommen.

Genug der Theorie. Ich möchte Ihnen jetzt einfach Lust machen, auf die Suche nach der richtigen Aufgabe für Sie in Ihrem dritten Leben zu gehen. Damit Sie das Gefühl nicht verlieren, etwas wert zu sein. Wertvoll im wahrsten Sinn des Wortes – auch für andere.

Mein Mann hat sich, als wir aus dem Ausland wieder nach Deutschland zurückkamen, auf der oben beschriebenen Ehrenamts-Börse schlaugemacht. Das Freiwilligen-Forum bei uns in der Nähe im Norden Hamburgs gefiel ihm am besten. Die Damen und Herren dieser an die evangelische Kirche angelehnten Einrichtung freuten sich über den Neuzuwachs. Immer dienstagsabends trifft man sich, bespricht, was zu tun ist und wer sich wofür eignet. Mein Mann übernahm die Betreuung eines tschetschenischen Arztes. Er ist Mitte 40, hat fünf Kinder, zwei davon sind behindert. Er und seine Frau, ebenfalls Ärztin, waren vom deutschen Staat als Asylanten anerkannt worden. Ihre dramatische Lebensgeschichte mit Folter und Haft in russischen Gefängnissen wurde von niemandem angezweifelt. Was sie jetzt brauchten: eine Wohnung. Behindertengerecht, damit die Tochter im Rollstuhl auch die Wohnung verlassen konnte. Der Vater wollte wieder als Arzt arbeiten, die Kinder sollten in die Schule gehen. Vor allem aber: Alle wollten so schnell wie möglich aus dem Containerdorf für Asylbewerber heraus, das im Hamburger Norden von der Stadt eingerichtet worden war. Mein Mann jedenfalls war während der nächsten Wochen ganz schön eingedeckt mit Telefonaten, Amtsbesuchen und der Wohnungssuche. Am Abend zu Hause aber wirkte er mit sich im Reinen. Wenn er wieder irgendwo ein Möbelstück, Küchenutensil oder Elektrogerät umsonst ergattern konnte, die Töchter in der Schule angenommen wurden, die Mutter von einer pensionierten Englischlehrerin jetzt Deutschunterricht erhielt – das hat ihn gefreut und zufrieden gemacht.

Am Ende konnte die siebenköpfige Familie in eine ausreichend große Wohnung ziehen, es standen genug Möbel in den Zimmern, Kochtöpfe und Geschirr in der Küche und der Vater hatte einen Job als Arzt. Zwar befristet, aber immerhin. Alles in allem dauerte das zwei Jahre. Aber bis heute kommt jedes Weihnachten ein Anruf, ein Brief und ein Dank. Mein Mann verbucht das Unternehmen »Tschetschenische Familie« unter »erfolgreich abgeschlossen«. Jetzt hat er neue Aufgaben; einmal die Woche wird ein einsamer Mann mit Kuchen besucht, einer alten Dame beim Einkaufen geholfen und im Büro der Einrichtung der Telefondienst übernommen. Aufgaben, die nicht die Welt bewegen, aber einzelnen Menschen helfen, einen selbst zufrieden machen und einem vor allem einen Rahmen geben. Das ist nicht zu unterschätzen!

So ein Rahmen ist einfach wichtig. Gerade im dritten Leben. Ohne das alte berufliche Korsett fangen wir ganz leicht an zu schludern, uns nicht mehr so ordentlich anzuziehen, zu frisieren und nur noch im Trainingsanzug durch die Wohnung zu schlurfen. Nichts gegen Trainingsanzüge – aber bitte nicht den ganzen Tag. Gerade auch in einer Partnerschaft ist es wichtig, noch nett auszusehen und in einem selbst gesetzten Rahmen Aufgaben zu übernehmen.

Wen es in seinem dritten Leben ins Ausland zieht, wer im Berufsleben eine Fachkraft mit einem reichen Erfahrungsschatz war – der wäre zum Beispiel beim Senior Experten Service (SES) gut aufgehoben. Die Stiftung vermittelt ehrenamtliche Helfer ins Ausland, wo deren Expertise bei kleinen und mittleren Unternehmen gefragt ist. Wo das Know-how der deutschen Fachkräfte dringend nötig ist.

Ich kenne Männer, die nach ihrer Pensionierung in China und Brasilien eingesetzt wurden, um bei der Produktion von Elektro- und Kleinmotoren zu helfen. Flugkosten, Unterkunft, Verpflegung und ein kleines Taschengeld von maximal 15 Euro pro Tag übernimmt das ausländische Unternehmen. Ansonsten gilt für die Facharbeiter aus Deutschland die Maxime: Hauptsache Spaß an fremden Ländern und Kulturen!

Aber auch Frauen mit einer technischen, sozialen oder medizinischen Vorbildung finden Jobs beim SES. Wie Katarina, 66 Jahre alt, aus Thüringen. Sie hat ihr Leben lang als Textilingenieurin gearbeitet. Mit 65 Jahren ging die rüstige Ostdeutsche in Rente – und nichts war mehr wie früher. Sie fühlte sich im Abseits, alleine und war traurig. Im Internet entdeckte sie den Senior Experten Service und eine Nähfabrik in Rumänien, die Hilfe und Unterstützung von Fachleuten brauchte. Seitdem fährt sie dort immer wieder hin. Hilft das Lager neu zu sortieren, die Arbeitsgänge zu optimieren. Später konnte Katarina sogar einige Projekte beim SES zusammen mit ihrem 70-jährigen Mann umsetzen. Der ehemalige Textilmaschinenbauer half in Textilfabriken in Kambodscha, Afrika und Südamerika. Die beiden finden diese Wechsel zwischen Aufgaben im Ausland und daheim das dritte Leben genießen einfach perfekt.

Verständlicherweise sind es überwiegend Männer, die diese Jobs für eine gewisse Zeit übernehmen. Wer lieber zu Hause bleiben möchte und gerne mit Kindern zusammen ist, für den ist der »Oma-Hilfsdienst« vielleicht eine gute Alternative. Einer dieser Vereine nennt sich Jung & Alt e.V. und versteht sich als Vermittler zwischen den Generationen. Junge und ältere Menschen sollen zusammengebracht und zu gegenseitiger Hilfe ermutigt werden. Mit Schaudern erinnere ich mich noch an die Tage, an denen ich ins Fernsehstudio oder die Redaktion musste, aber das Kindermädchen krank wurde oder eines der Kinder fieberte. Weit und breit war keine Oma oder Leih-Oma zu sehen! Der Anruf im Job »Ich kann heute leider nicht kommen, weil…« steckt mir heute noch in den Knochen. Wenn es damals schon den Oma-Service gegeben hätte – mir wären Steine vom Herzen gefallen. Alle Mitglieder des Vereins können den Oma-Hilfsdienst in genau solchen Situationen in Anspruch nehmen. Aber auch Hilfsprojekte für Senioren gehören zu seinen Aufgaben.

Einen enormen Zulauf haben in ganz Deutschland die über 800 lokalen Vermittlungsstellen von Lesepatenschaften. Wer gerne mal als Lesepate der Star einer Veranstaltung sein möchte (kein Publikum ist aufmerksamer als Kinder), dann sind Sie da richtig. Ein, zwei Stunden pro Woche gehen Sie in eine Grundschule, eine Kita oder Bibliothek und lesen einem Kind oder einer kleinen Gruppe von Kindern vor. Oder, wenn die Kinder das Lesen schon gelernt haben und Lust haben, lassen Sie sich von ihnen etwas vorlesen. Als Lesepate fördern Sie die Lesekompetenz anderer. Sie können entweder über längere Zeit mit demselben Kind oder derselben Gruppe von Kindern arbeiten oder in offener Form mit wechselnden Kindern. Sie werden entdecken, wie gerne Kinder zuhören – und in wie wenigen Familien abends heutzutage vorgelesen wird. Kinder entwickeln beim Vorlesen eine Beziehung zu Büchern, ihre Geduld beim Zuhören, ihre Ausdauer wird gefördert. Wem vorgelesen wird, der kann in der Schule besser zuhören und verstehen. Wenn man sich anschaut, dass inzwischen dramatisch viele Kinder, zunehmend auch deutsche, Sprachprobleme haben, ist eine solche Patenschaft eine unbezahlbare Möglichkeit, die Sprachkenntnisse zu verbessern. Vorlesen, erzählen und gemeinsame Spiele erweitern den Wortschatz und fördern das Sprechen. Die Leseinitiativen in Deutschland sind übrigens als Folge der verheerenden Leseergebnisse deutscher Schulkinder im Rahmen der PISA-Studie entstanden.

Zum Schluss der Beispiele für eine ehrenamtliche Tätigkeit noch ein kurzer Blick auf meine ehrenamtlichen Engagements in meinem dritten Leben: Da ist einmal UNICEF, das Kinderhilfswerk der Vereinten Nationen. Seit 1993 bin ich Mitglied des deutschen Komitees. Als es 2008 zur Führungskrise an der Spitze kam, Geschäftsführer und alter Vorstand zurücktraten, wurde ich in den neuen Vorstand gewählt und bin dort seitdem stellvertretende Vorsitzende zusammen mit Ann Kathrin Linsenhoff, der Olympiasiegerin im Dressurreiten. Ich übernahm also das Amt, als ich noch mittendrin in meiner Festanstellung beim NDR steckte. Heute kann ich nur sagen: Das hat sich gut gefügt. Wobei das erste Jahr nach dem Wechsel ziemlich anstrengend war. Mindestens einmal im Monat Sitzung in Köln in der Zentrale. Fast jeden Tag Telefonate und E-Mails. Alles kam auf den Prüfstand, wurde neu bedacht, die Satzung neu formuliert vom Vorstand verabschiedet. Anwaltskanzleien und die Universität St. Gallen, Unternehmensberatungen und einzelne ausgewiesene Fachkräfte halfen pro bono, also ohne Honorar. Inzwischen ist der Dampfer UNICEF wieder in ruhigem, sicheren Wasser. Die 150 Arbeitsgruppen mit ihren rund 8000 freiwilligen Mitarbeitern und Mitarbeiterinnen in ganz Deutschland können wieder in Ruhe ihrer Arbeit in den Regionen nachgehen.

Sowohl in Genf als auch in New York erfahren wir als Vorstand und die Geschäftsstelle insgesamt Zustimmung und Lob. Ich halte bis zu 40 Vorträge im Jahr in ganz Deutschland. Themenpalette: von Kinderarmut in Deutschland über »Wasser ist Leben« bis zum Hungerdrama am Horn von Afrika oder der furchtbaren Katastrophe nach dem Tsunami in Japan, als über 60 000 Kinder obdachlos wurden. Mal fragt mich eine Arbeitsgruppe an, wenn bei einem Schülerlauf 15 000 Euro zusammengelaufen wurden und übergeben werden sollen. Dann bin ich auf einer Tagung, wenn es um Kinderrechte geht, die unserer Meinung nach dringend ins Grundgesetz aufgenommen werden müssen. UNICEF fordert mich mindestens zwei Tage pro Woche. Aber es freut mich auch, wenn die Spenden wieder ansteigen, wenn in den Nachrichtensendungen UNICEF-Vertreter zu Wort kommen. Wenn sie dort von der dramatischen Hungerkatastrophe der zwölf Millionen Menschen am Horn von Afrika berichten können und wie sie versuchen, die schwer mangelernährten Kinder vor dem Tod zu bewahren. Da lohnt sich jeder Einsatz. Da muss man nicht lange nachdenken. Übrigens: UNICEF kann jeden brauchen! Auch in Ihrer Umgebung gibt es eine Arbeitsgruppe, die sich über Unterstützung freut.

Wichtig bei der Auswahl eines Ehrenamtes ist es, dass Sie sich darauf freuen, dass Sie gerne dorthin gehen. Es sollte auch Ihre persönlichen Bedürfnisse befriedigen und mit ihren Interessen übereinstimmen. Wenn Sie sich zum Beispiel für die Mitarbeit bei einer der sogenannten Tafeln (siehe das Porträt von Annemarie Dose ab Seite 147) entscheiden, werden Sie hautnah erleben, wie viele Menschen von Hartz IV leben müssen und wie groß da auch die Scham des Einzelnen ist. Sie werden Kisten zum Aufbau der auszugebenden Ware schleppen, mit Plastikhandschuhen Obst, Gemüse, Fleisch und Käse verteilen und die unterschiedlichsten Charaktere erleben. Die Durchsetzungsstarken, die sich beschweren, dass sie heute eine späte Nummer gezogen haben und erst drankommen, wenn die besten Sachen schon weg sind. Die Zurückhaltenden, Schüchternen, die sich gar nicht zu fragen trauen, ob sie auch drei Tomaten statt der einen

haben dürfen, damit es am Abend mal richtigen Tomaten-
salat gibt.

Oder Sie entschließen sich, einmal in der Woche in der
Essens- oder Kleiderausgabe eines Mittagstisches zu helfen. Eines Mittagstisches für Kinder, die zum Teil schon
ohne Frühstück in die Schule gegangen sind. Einmal die
Woche stehen die dann nach dem Essen zusätzlich vor
der Kleiderausgabe an. Brauchen vor dem Winter festes
Schuhwerk – und Sie suchen und suchen und finden nicht
die richtige Schuhgröße. Oder ein kleines Mädchen aus
Äthiopien, das sich für die kalte Jahreszeit einen warmen Anorak wünscht. Am liebsten mit Daunen. Der ist
aber gerade schon weggegangen – die traurigen Augen
werden Sie bis nach Hause begleiten.

Wer sich für diese ehrenamtlichen Aufgaben ent-
schließt, sollte auch stark sein. Nicht körperlich, vor allem
seelisch. Denn wie es sich auf der Schattenseite in unserem reichen Lande lebt, bekommt man sonst nicht so
hautnah mit. Das geht »unter die Haut«. Da ist es gut,
dass es Menschen gibt, die sich gerade deshalb einbringen
und helfen wollen.

So wie Susanne, die mit ihren 64 Jahren in der Küche
eines Obdachlosentreffpunkts angeheuert hat. Dreimal
die Woche geht sie vorher einkaufen und dann ab in die
Küche dort. »Die können mich brauchen«, sagt sie. Und
»Das tut mir einfach gut.« Es meckert auch keiner über
das Essen, eher kommen viele mit ihrem Teller und ihrer
Tasse ein zweites Mal und bitten um einen Nachschlag.

Susanne, die Helfer bei der Tafel, in einer Mittags-
küche, in der Kleiderkammer oder im Vorleseteam verbindet eines: Sie alle kommen zuverlässig. Denn darüber

sollte man sich im Klaren sein, wenn man sich für ein Ehrenamt entscheidet: Das geht nicht mal so, mal so. Die Menschen, für die man sich engagiert, erwarten eine gewisse Kontinuität. Sicher, Urlaube sind kein Thema. Aber im Großen und Ganzen sollten auch Ehrenamtliche regelmäßig und zuverlässig ihren Aufgaben nachgehen. Das hilft den Menschen, für die man sich engagiert. Das hilft aber auch einem selbst, weil es einem den Rahmen, das Raster gibt, in dem sich das dritte Leben gut einrichten lässt. Das ist nicht negativ. Das ist gut so und alles andere als egoistisch. Wir haben wieder einen Grund, früh aufzustehen. Uns ordentlich anzuziehen und pünktlich das Haus zu verlassen. Ohne die Millionen Deutschen, die in unserem Lande ehrenamtlich engagiert sind, sähe das Leben ärmer aus. Also: Sehen Sie sich um, engagieren Sie sich. Wir dürfen ruhig auch etwas an diese Gesellschaft zurückgeben.

KAPITEL 4

Haben Sie Mut zum Coaching!

Wenn Sie kurz vor dem Sprung in ihr drittes Leben stehen, dann kennen Sie das sicher: Sie wachen nachts auf, haben eine Idee für diese neue Lebenszeit. Neben Ihnen auf dem Nachttisch liegen Zettel und Stift bereit – und schon ist die Idee niedergeschrieben und Sie schlafen wieder friedlich ein. Ja? Oder fehlt Ihnen der Zettel? Die zündende Idee? Weil es so viele sind, die Ihnen im Kopf herumschwirren?

Bei mir war das so. Trotz Zettel. Am nächsten Abend, nach dem Büro und stundenlangen Sitzungen in Rundfunkgremien habe ich dann noch oft vor dem Laptop gesessen und meine Ideen in Listen aufgeschrieben. Nach Prioritäten geordnet. »Die stärkste Marke sind Sie selbst.« Diesen Satz hatte ich gerade in einem Buch gelesen, er ist mir immer durch den Kopf gegangen. Man soll polarisieren, heißt es darin. Mit Herz, Hirn und Hand. Konstruktiv seine Gedanken und Meinungen klar aussprechen und Stellung beziehen. Gut, das gilt vor allem für das Berufsleben. Was hilft mir das danach?

Wer sich clever positioniert, präsentiert, vermarktet, der gewinnt. Schön und gut. Nur was will ich gewinnen? Was ist mein Kern, meine Essenz? Wofür brenne ich, wofür will ich mich engagieren?

Ich hatte oft das Gefühl, vor einer immens großen Blumenwiese zu sitzen. Mit ganz vielen schönen Blüten und Blättern. Mit Büschen und Sträuchern am Rande und noch weiter weg mit hohen, ausladenden Bäumen. Wohin? Zu welcher Blüte, welchem Busch, unter welchen Baum? In dem genannten Buch habe ich gelesen, dass ich erst mal ganz kritisch aufschreiben soll, was ich gut kann. Dann – was ich in meinem neuen Lebensabschnitt weglassen möchte. Und worauf ich mich gerne konzentriere. Um bei der Blumenwiese zu bleiben: Welche Blüte mag ich am liebsten? An welcher erfreue ich mich am meisten?

Gut ist es dann auch, sich selbst in dieser Blumenwiese zu lassen und quasi als Zweiter von außen zu gucken. Wofür stehe ich in der Wahrnehmung der anderen? Was schätzen die an mir – was mögen sie vielleicht nicht so gern? Was ist mein Alleinstellungsmerkmal, meine Unique Selling Proposition, wie das in der weltweiten Businesssprache heißt?

Scheuen Sie sich nicht, gerade vor ihrem dritten Leben Ratgeber und Fachbücher zu lesen. Nicht alles, was Ihnen die erfolgreichen Autoren da so erzählen, wird für Sie, Ihre Situation passen. Aber wenn Sie nur zwei, drei Informationen und Ratschläge herausfiltern können, dann ist das schon viel. Und: Es wird Ihnen helfen.

Sie erkennen dann klarer, wer Sie sind, wie Sie sind und wofür Sie stehen – gerade auch nicht mehr im Berufsleben, sondern »danach«. Denn ganz selten wird das

Leben »davor« ein komplett anderes sein. Immer werden Themen sich hier und dort ergänzen. Werden Sie Ihre Erfahrungen mitnehmen, einbringen und auf einen beglückenden Fundus zurückgreifen können.

Sie werden dann wissen, was Sie wirklich wollen, erkennen Ihre Ziele und können abschätzen, wo Ihre neu gewonnene Zeit, ihre Leidenschaften und vor allem Ihre Kraft gut investiert sind.

Wenn sich Ihr neues Leben in groben Zügen abzeichnet, werden Sie ruhiger schlafen, zufriedener und gelassener werden. Sie werden keine so große Angst mehr verspüren, höchstens mal noch nachts erschreckt aufwachen: was kommt jetzt? »Keine Sorge«, können Sie sich im wachen Zustand dann zuflüstern: Ich bin jetzt »on track«, ich weiß, was kommt, wie es wird und was ich will.

Wenn Sie jetzt nicht unbedingt alle Weisheit und Klarheit aus Büchern beziehen wollen, dann will ich Ihnen Mut zu einem Coaching machen. Wie bitte, sagen Sie vielleicht – ich und Coaching? Das habe ich doch mein ganzes berufliches Leben nicht gebraucht. Stimmt. War aber vielleicht auch nicht ganz so gut, oder? Ehepaare gehen häufig erst kurz vor einer anstehenden Trennung zum Mediator oder Paartherapeuten. Meist zu spät. Sie dagegen stehen jetzt selbst vor der entscheidenden Weichenstellung. Den letzten Weichenstellungen, machen wir uns nichts vor. Sie wollen das ganz alleine stemmen? Noch mal: Nur Mut zu einem Coaching. Ich weiß, wovon ich rede. Lachen Sie nicht!

Nachdem ich einige Bücher von den erfolgreichen Fachleuten gelesen hatte, erinnerte ich mich – nachts, so gegen vier Uhr – an eine Münchner Kollegin, die früher bei einer erfolgreichen Frauen-Monatszeitschrift geschrieben hatte. Das Blatt wurde dann eingestellt – und sie machte sich mutig selbstständig. Inzwischen sind ihre Bücher Bestseller, sie ist ein häufiger Gast in Talkshows und präsentiert inzwischen ihre eigene Sendung im Bayerischen Fernsehen, die ihren Namen trägt: Sabine Asgodom. Diese lebensbejahende Kollegin fiel mir ein. Auch weil sie mir in einer Sendung bei Bettina Böttinger so authentisch und zupackend vorgekommen ist, als wir dort beide zu Gast waren. »Handfest«, wie man in meiner bayerischen Heimat eine solche Frau bezeichnet.

Na klar hat sie eine Internetseite (habe ich auch in meinem ersten Jahr im dritten Leben angepackt). Ihre Tochter im Büro gibt mir die Mobilnummer und ich frage mit einer SMS an, wann und wo wir uns mal sehen könnten. Ich hätte da ein Problem und ein paar Fragen …

Keine zwei Minuten später die Antwort: »Bin in Hamburg, heute um 17 Uhr?« Das gefällt mir, wenn Menschen schnell und unkompliziert reagieren. Ich bastle mit der Hilfe meiner wunderbaren Sekretärin ein wenig im Terminkalender herum und bin um 17 Uhr in der genannten Hotelhalle. Umgeben von zehn gut aussehenden, fröhlich redenden Business-Frauen kommt Sabine Asgodom auf mich zu. Auf meine vorsichtige Anfrage nach einem möglichen Coaching und dem Preis (ich weiß, sie ist inzwischen richtig teuer!) reagiert sie lachend und pragmatisch: »Lass uns doch ein Gegengeschäft machen. Du kommst auf eine meiner Veranstaltungen und erzählst aus deinem Leben, von deinem Berufsweg – und dafür gebe ich dir einen ganzen Tag ein Coaching, ja?«

Wir sind uns schnell einig. Ihr Büro macht den Talk-Termin auf einer Veranstaltung in Mainz – und ich bin vier Wochen später bei ihr in München in der Prinz-regentenstraße. Punkt neun Uhr. Ehrlich – ich bin richtig gespannt. Habe natürlich meine ganzen Listen mit dabei. Auch eine innere Idee, wohin es gehen könnte. Aber: Ich will ganz offen sein. Offen für das, was da auf mich zukommen könnte. Das erste Blatt (es werden am Ende 20 sein) wird in ein Puzzle aufgeteilt, mit zwölf einzelnen Teilen. Gemeinsam mit mir schreibt Sabine Asgodom alles hinein, was ich bisher mache, gemacht habe, wofür ich aus ihrer Sicht stehe. Und: Was ich mir im dritten Leben wünsche. Jetzt wird Seite für Seite alles verdichtet, nochmals ausgebreitet und auch unter der Rubrik »Image« notieren wir fleißig. Wir reden viel darüber, wie mich andere wahrnehmen. Das ist ja etwas, was Menschen meist selbst weniger mitbekommen. Es sagt einem ja auch selten jemand ehrlich. (Außer der Ehepartner zu Hause, so hoffe ich jedenfalls.) Über Stunden besprechen wir, wohin der Weg gehen könnte, sollte. Das ist etwas zutiefst Vertrauliches. Wenn Sie sich also zu einem Coaching entscheiden, dann sollten Sie sich einen Menschen suchen, dem Sie vertrauen können. Der aber auf der anderen Seite auch die nötige Unabhängigkeit besitzt, Ihnen offen und ehrlich zu sagen, wie sie oder er Sie sieht, wie die Außenwelt Sie erlebt.

Aus dem Coaching mit Sabine Asgodom will ich nur so viel verraten: Sie kam immer wieder auf das Wort »ernten« zurück. Ernten – im Zusammenhang mit bewegen, engagieren, mit Resonanz und Freude. Freude – die spielt überhaupt eine große Rolle bei ihr. Wie recht sie hat: Nur was wir mit Freude tun, wird gut. Wird uns und andere erfreuen.

Überraschend war dann ein Test zu meinen Motivationen. Das Ergebnis hat mich erstaunt – wenngleich mir im tiefsten Inneren schon klar war, dass das rauskommen könnte. Was es ist, das mich antreibt, möchte ich aber hier jetzt nicht verraten, siehe Vertrauen. Aber dass manchmal etwas hervorkommt, was wir lieber nur für uns wissen möchten, das ist eben auch Teil eines Coachings. Ganz zum Schluss schrieb sie dann noch ein Coaching-Protokoll für mich, damit ich ja nicht vergesse, was wir alles an diesem Tag erarbeitet haben. So – und das war's. Jetzt liegt es an mir. Aber noch ist es ja ein halbes Jahr bis zu meinem letzten Tag im Sender. Carpe diem – nutze den Tag!

Auch Sie werden von Ihrem Coaching mit einem Haufen Zettel nach Hause kommen. Weglegen? Lieber nicht. Denn meist muss Coaching bezahlt werden. Selten gelingt das »Gegengeschäft« wie bei mir. Also, was tun? Ich empfehle ein Arbeitsbuch, eines dieser hübschen Bücher, die innen drin ganz weiß und unbeschrieben sind. Nennen Sie es vielleicht wirklich »Heiter weiter!« Oder einfach nur: »Mein drittes Leben.« Sinnvoll ist es jetzt, wenn Sie sich ein- oder zweimal die Woche eine Stunde Zeit nehmen, die Coaching-Unterlagen noch mal Revue passieren lassen und mit einem dicken Filzstift ihre eigenen Gedanken dazu in ihr Buch eintragen. Ihr drittes Leben lebt im wahrsten Sinn des Wortes von Ihren Gedanken. Die sollen fließen, das muss nicht alles gleich geordnet sein. Aber sie sollten auf alle Fälle wiedergeben, was Sie bewegt. Nehmen Sie das Buch überallhin mit, wo Sie Zeit haben werden: im Zug, auf dem Flughafen, im Wartezimmer beim Arzt. Nach ein paar Wochen werden sich Ihre Gedanken zusammen mit dem Coaching-Papier zu einem klaren Bild formen. Lassen Sie sich Zeit – Sie haben ja schließlich früh genug vor Ihrem dritten Leben begonnen, richtig?

Das Beste ist wirklich, sich ein Jahr vor dem Ausstieg ernsthafte Gedanken über dieses dritte Leben zu machen. In einem noch ganz normalen Alltagsjahr mit all seinen Jahreszeiten und Ereignissen. Das lässt sich dann gut in den Gedanken an das neue Lebensjahr ohne den Job, ohne die Aufgaben und ohne die meist schon fest eingeplanten sechs Wochen Jahresurlaub widerspiegeln. Nur Mut! Was mir sehr geholfen hat: Wenn ich mir noch vor dem Aufstehen an einem ganz normalen Arbeitstag überlegt habe, was ich jetzt genau heute alles tun würde, wenn ich nicht ins Büro müsste, nicht zu Sitzungen und in Verhandlungen, nicht in den Schneideraum oder zu einem Außentermin. Sicher – wenn die Sonne lacht, das Wetter sich von seiner schönsten Seite zeigt, ist es einfacher. Was aber, wenn es nieselt und grau ist? Probieren Sie es mal – auch Sie werden nach einigen morgendlichen Gedanken-Tests gelassener und ruhiger werden. Denn dieses neue unbekannte Jahr, das erste, meine ich, das wird Sie dann nicht mehr so ängstigen.

Zusammen mit Ihren Notizen im neuen Buch, mit den Empfehlungen Ihres Coachs und Ihren Ideen und Vorstellungen über ein ganzes Jahr hinweg sind Sie gut gerüstet. Dennoch: Das Unbekannte macht Angst. Ist das neue Leben nur heiter? Wir mögen es nicht glauben. Aber: Packen Sie's an. Zum Beispiel mit einem Coaching.

KAPITEL 5

Die neue Diskussion: Aufhören?
Oder doch lieber weitermachen?

Sie denken also über ein Coaching nach. So weit, so gut. Aber gerade so kurz davor, vor dem letzten Schritt in das dritte Leben, gehen einem noch andere Gedanken ganz vehement durch den Kopf: die Frage nämlich, ob wir vielleicht doch weitermachen sollten? In den Zeitungen wird gefordert, dass im Alter ein soziales Pflichtjahr eingelegt werden soll. Oder dass Rentner weiter arbeiten gehen sollen. Auch wird gesagt, dass es Wahnsinn sei, in unserer wirtschaftlichen Situation die Menschen überhaupt in Rente zu schicken. Da kommt man dann schon auf die Idee, vielleicht nicht das dritte Leben zu planen, sondern mit dem Boss zu reden. Ihm zu erklären, dass man nicht aufhören will. Schon gar nicht mit 65 Jahren. Wo doch die Rente mit 67 jetzt Gesetz ist. Sicher, das gilt erst für die Jüngeren in unserem Lande. Aber trotzdem: Wir denken nach, wir wägen ab. Wie immer, wenn etwas endgültig scheint. Was ist für mich das Beste? Vielleicht sogar raus aus dem alten Job und etwas ganz Neues beginnen?

Das alles ist nicht leicht zu beantworten und ist für jeden individuell unterschiedlich. Einige wichtige Dinge sollte aber jeder in dieser Phase wissen. Zum einen: Wer gesunde Menschen, die 90 Jahre alt werden können, dazu verlockt, mit 60 in den Ruhestand zu gehen, der schickt sie auf einen gefährlichen Weg. Das sagt Ursula Staudinger, Psychologin und Dekanin des Zentrums für lebenslanges Lernen an der Jacobs University Bremen. Erste wichtige Erkenntnis also: Wir dürfen nicht unterschätzen, wie zentral Arbeit für das Wohlbefinden eines Menschen ist.

Zweitens: Wir werden in Deutschland die Älteren dringend brauchen, denn es fehlen die Jüngeren. Dazu ein paar Zahlen: Der demografische Faktor ist ja schließlich eine unumstößliche Größe, die sich von Politik und Wirtschaft so gut wie nicht beeinflussen lässt. Die Abiturienten und Berufseinsteiger des Jahres 2025 kann man zählen, weil sie schon geboren wurden. Die geburtenstarken Jahrgänge der 1950er- und 1960er-Jahre werden in diesem und im nächsten Jahrzehnt in Rente gehen. Ihre Kinder dann ab 2035. Auch nach den optimistischsten Berechnungen werden wir im Jahre 2050 von derzeit rund 82 Millionen auf eine Zahl irgendwo um die 77 Millionen Bewohner schrumpfen. Oder noch deutlicher: Die 45- bis 64-jährigen Menschen auf dem Arbeitsmarkt nehmen um 1,4 Millionen zu. Die jüngeren Erwerbstätigen im Alter von 25 bis 44 Jahren um 3,7 Millionen ab. Noch Fragen?

Also: Die Älteren werden dringend gebraucht. Das können Sie Ihrem Chef sicher klarmachen. Was in den 1980er-Jahren noch gang und gäbe war, nämlich den 58-jährigen mit ein paar Zusatzleistungen den früheren Renteneintritt zu versüßen, ist der vollkommen falsche

Weg. Alte raus – Junge rein. Das war allgemeiner Konsens damals. Aber unglücklicherweise sitzt das bis heute noch in manchen Köpfen drin. Quasi der Super-Bremsklotz für alle neuen, wichtigen Weichenstellungen. Während der damalige Chef der IG Metall Franz Steinkühler davon sprach, die 58-Jährigen würden in den Betrieben »gejagt wie Hasen«, zeichnet sich inzwischen allmählich wenigstens in der Politik der umgekehrte Trend ab. In Berlin spricht man von der Rente mit 67, mit 69, gar mit 70 Jahren. Denn dort hat man endlich erkannt: Wir werden dem Fachkräftemangel einer alternden Gesellschaft nicht mit den immer weniger vorhandenen jüngeren Menschen begegnen können.

Wenn Sie also erwägen, nicht schon mit 60, 63 Jahren in den Ruhestand zu wechseln, sollten Sie diese Zahlen gut kennen. Und sich für das Gespräch mit Ihrem Chef gut vorbereiten. Kein vernünftiger Arbeitgeber wird heute eine längere Arbeitszeit verweigern, wenn der Arbeitnehmer noch fit ist und vor allem willens, weiter im Betrieb zu bleiben. Denn unsere Gesellschaft wird es sich auf Dauer voraussichtlich nicht leisten können, ihre Mitglieder 20 bis 30 Jahre im dritten Leben zu alimentieren. Soziologen mahnen zudem, dass die Vorstellung, Rentner müssten den Rest ihres Lebens mit »Ausruhen« verbringen, dazu beitrage, sie gesellschaftlich auszugrenzen. Und die schon zitierte Psychologin Ursula Staudinger setzt noch eins drauf und sagt: »Ohne neue Herausforderungen verpufft das Potenzial des letzten Lebensdrittels.«

Wenn Sie aber trotz all dieser Argumente keine Lust mehr auf ihren alten Job haben, und falls Sie lieber an einen Neuanfang denken, »draußen«, im freien Leben, dann könnte Sie diese wissenschaftliche Tatsache ermutigen: Brachliegende Fähigkeiten verkümmern nachweislich schnell. Neue Herausforderungen tragen dagegen auch im Alter zur weiteren Entwicklung bei. Das aktive Leben ist und bleibt das längere und das gesündere. Egal, ob man dieses dritte Leben durch Ausübung des alten Berufs verlängert, sich in einem Ehrenamt einbringt, sich selbstständig macht oder in der Familie engagiert. Wichtig ist das Wort »aktiv«.

Da sind manche Universitäten in Deutschland ihrer Zeit voraus: Sie erlauben eine weitere Lehrtätigkeit ihrer emeritierten Professoren. Die sonst allesamt mit 65 Jahren das gesetzlich vorgeschriebene Pensionsalter erreichen. Gegen diese »Verschwendung von Ressourcen« kann sich der Herr Professor dann auch nicht wehren. Da muss er weg von der Universität. Oder ihm hilft ein Gespräch mit dem Dekan oder dem Präsidium. Die allesamt erfreulicherweise heute erkennen, dass gerade die jungen Studenten von den ehemaligen Profs viel lernen können. Und die mit ihrem Wissen und ihrer Erfahrung auch dem Universitätsbetrieb sehr guttun.

Das ist nur ein Beispiel. Solche gibt es inzwischen viele in unserer sich dramatisch wandelnden Gesellschaft. Nur Sie selbst können letztlich entscheiden: raus aus allem, oder ein Neustart. Wichtige Frage vorweg ist aber: Wollen oder müssen Sie zu Ihrer Rente dazuverdienen? Sind Sie dann schon 65 Jahre alt, sodass Sie unbegrenzt dazuverdienen dürfen? Wenn nicht, liegt die Grenze bei 400 Euro im Monat. Sollte Ihr zusätzliches Einkommen diesen Betrag überschreiten, dann müssen Sie das bei Ihrer Steuererklärung angeben, und dann wird sich Ihre Rente um diese

Summe verringern (siehe auch im Service-Anhang das Kapitel »Rund ums Geld: Wie Sie weiter gut leben«).

Jetzt aber: Wie fang ich's an? Sinnvoll ist die Vorbereitung darauf in den letzten Monaten und Wochen vor Ihrem Ausstieg. Da sollten Sie auch schon genau wissen, was Sie machen möchten, wenn es denn ein beruflicher Neustart mit finanziellem Erfolg werden soll. Sie sind zudem klug beraten, Ihr bisheriges Know-how aus dem angestellten beruflichen Leben mit einzubringen in die neue Tätigkeit. Denn da kennen Sie die wichtigen Ämter, die Adressen, die Abläufe, die Sie allesamt konsultieren und dann aktivieren müssen. Sie können mit der Handwerks- und Handelskammer Gespräche führen, Ihren Steuerberater einschalten, wenn Sie eine GmbH gründen möchten. Mit Ihrer Bank reden, für einen Starterkredit.

Was aber, wenn Sie noch mal ganz neu starten wollen? In einem neuen, völlig fremden Beruf? Auch da gehe ich davon aus, dass Sie vorher schon mal reingeschnuppert haben, dass Sie eine Ahnung davon haben, was auf Sie zukommt. Sonst wird das nichts, so viel kann ich Ihnen verraten. Auch wenn Sie zum Beispiel nur vorhaben, Ihrer Freundin in ihrem Modegeschäft dreimal die Woche zur Seite zu stehen, dann sollten Sie Ahnung von Mode haben, Stoffe auseinanderhalten und vor allem gut mit Menschen umgehen können. Sie beraten und ihnen dann auch das eine oder andere Stück verkaufen.

Das ist nur ein Beispiel. Vielleicht gründen Sie auch mit einem Freund zusammen eine Firma. Auch da gilt: Steuerberater, Bank, Rechtsanwalt müssen hinzugezogen, Verträge so formuliert werden, dass man sich auch bei Meinungsverschiedenheiten auf sie beziehen kann. Damit die Freundschaft im Fall einer Auseinandersetzung nicht kaputtgeht. Denn das wäre es nie wert.

Oder Sie steigen in ein Unternehmen als Teilhaber ein? Hoffentlich nicht als stiller, denn da können Sie gar nichts sagen, nichts bewirken. Ich bin immer eher für den aktiven Part. Also: mitwissen, mitreden, mitentscheiden. Es ist schließlich das eigene hart verdiente Geld, das man in die Firma steckt.

Auf alle Fälle: Überlegen Sie gut, wie Sie sich ab Ihrem 65. Lebensjahr positionieren wollen: weitermachen – umsteigen – aussteigen, auf jeden Fall neu starten. All das ist allemal besser als ein drittes Leben ohne Aktivitäten auf der Couch und vor dem Fernsehapparat. Da werden Sie schnell alt und krank. Das will doch keiner, oder?

Der alte Arbeitsplatz ist tabu!

Es gibt ein böses Sprichwort: Nie wird mehr gelogen als bei Verabschiedungen oder Beerdigungen. Und wie immer bei Sprichwörtern – ist da was Wahres dran.

Sollten Sie Ihre Verabschiedung noch vor sich haben, dann blättern Sie einfach weiter und lesen die folgenden Seiten erst, wenn Sie »draußen« sind. Für alle anderen dies zuerst: Sie sollten im ersten Jahr nach dem Ausscheiden aus Ihrem festen Job um Ihr altes Büro, um die alten Kolleginnen und Kollegen einen großen Bogen machen. Denn so lieb und herzlich die Worte »Wir freuen uns jederzeit, wenn Sie mal reinschauen« oder »Wir sind immer für Sie da, kommen Sie jederzeit vorbei« gemeint sein mögen. Sie sind nicht wahr. Sie sind eine fromme Lüge.

Vielleicht erinnern Sie sich auch selbst an alte Kolleginnen und Kollegen, die dann »einfach mal so« vorbeigeschaut haben. Immer dann, wenn die Termine besonders eng waren, wenn sich der Schreibtisch unter den Unterlagen nur so bog oder der Vorgesetzte gerade dringend auf einen Rückruf wartete. Unhöflich will man in einer solchen Situation ja auch nicht sein. Unterbewusst denken wir vielleicht: »Uns geht es auch bald so.« Aber trotzdem: Die Zeit drängt. Und wir fühlen uns nicht wohl, wenn wir jemanden trotz Zeitmangel auf eine Tasse Kaffee bitten, uns dazusetzen und denken: »Oh mein Gott, der (oder die) schon wieder …«

Sicher, es kommt auch vor, dass wir am Arbeitsplatz wirklich gute Freundschaften schließen. Die halten aber so ein erstes Jahr ohne Besuche beim alten Arbeitgeber auch gut aus. Treffen Sie sich einfach außerhalb. Im Umkreis des Jobs, aber eben nicht in den alten Gängen. Und noch etwas: Ihre Nachfolgerin, Ihr Nachfolger sollte auf alle Fälle ein Jahr Zeit und Muße haben, sich neu zu organisieren. Sie oder er wird es anders machen. Nicht besser, hoffentlich auch nicht schlechter, aber eben einfach ganz anders. Da werden einige in neue Jobs wechseln müssen (kein Mitleid, Sie haben es bei Ihrem Start auch nicht anders gemacht!). Andere steigen auf, wieder andere gehen beleidigt in die innere Emigration. Das ist normal, das passiert, wenn einer ausscheidet und ein Neuer kommt.

Sie werden auch erleben, dass Sie eine Zeitung durchlesen und das Gefühl haben: Da gehöre ich ja gar nicht mehr dazu. Die sind alle aktiv, mittendrin. Die auf den Fotos, deren Namen Sie in den Überschriften lesen. Sie dagegen sind draußen, gefühlt. Dafür können Sie sich beim Zeitunglesen inzwischen Zeit lassen. Ihren Kaffee dazu schlürfen und hin und wieder aus dem Fenster gucken. Erinnern Sie sich lieber noch an Ihren Blick auf die Uhr, wenn Sie auf der Fahrt in Ihr Büro mal wieder fünf oder zehn Minuten zu spät dran waren. Die alten Kolleginnen und Kollegen stecken gerade jetzt im Stau – und Sie genießen einen Milchkaffee. Lebensqualität. Man muss sich das im dritten Leben auch mal wieder so richtig bewusst machen. Nicht zurücksehen. Vorne spielt jetzt Ihre Musik.

Machen Sie ja nicht den Fehler und melden sich bei Ihrem alten obersten Boss an. Er wird Ihnen höflich einen Termin geben … aber wirklich Zeit hat sie oder er nicht. Wenn Sie dann doch dort sitzen: Reden Sie nicht über das, was Ihnen Kolleginnen und Kollegen so alles von der neuen Ära erzählt haben. Halten Sie um Himmels willen darüber den Mund. Es geht Sie nichts mehr an. Bedenken Sie dabei auch immer: Jeder Personalwechsel ist auch ein Wechsel für Ihren Boss. Die neuen Personalien sind mit ihr oder mit ihm abgesegnet. Sie oder er wird den Teufel tun, darüber mit Ihnen zu reden. Halten Sie sich raus, es ist vorbei. Und verkneifen Sie sich jeden Kommentar, wenn Ihnen alte Kolleginnen und Kollegen sagen, dass es mit Ihnen besser war. Das ist nett gemeint, vielleicht stimmt es sogar. Aber erinnern Sie sich auch: Die Chemie zwischen Menschen ist nie gleich. Nie werden sich alle gleich gut verstehen. Wenn Sie im Rückblick auf Ihre beruflich fest angestellten Jahre sagen können: Es war eine gute Zeit – dann ist das doch schon sehr viel.

Jetzt heißt es: nach vorne gucken. Und vielleicht nach einem Anstandsjahr mit einem Kuchen vorbeikommen. Vorangemeldet, versteht sich. Und nicht von der »guten alten Zeit« reden. Erzählen Sie lieber von Ihrem neuen dritten Leben. Das wird Ihnen helfen. Aber vor allem baut das Ihren Kolleginnen und Kollegen eine gute Brücke. Denn da können Sie sicher sein: Alle, die kurz vor dem Ausstieg, dem Ende ihrer Festanstellung stehen, denken an die Zeit danach. Überlegen sich, wie das dann wird, was sie dann noch machen können. Man wird Ihnen interessiert und gespannt zuhören. Ihnen, in Ihrem neuen Leben. Und die, die noch im Alten stecken, werden große Augen und Ohren machen. Denn wie das Amen in der Kirche: er kommt, der Ausstieg. Sie haben ihn schon hinbekommen. Mit Bravour, versteht sich.

Ich kenne so manche Kolleginnen und Kollegen, die so gar nicht lassen können von ihrem alten Beruf. Der eine gründet eine Produktionsfirma und will noch Fernsehfilme machen. Die andere tut sich mit Freundinnen in einer Agentur zusammen und schreibt weiter für Zeitungen und Illustrierte. Der Dritte hat noch einmal im Monat eine Radiosendung. Ich habe ja viel Verständnis dafür, dass man an seinem Beruf hängt. Aber zwei Dinge habe ich mir persönlich vorgenommen: nur noch das zu schreiben oder drehen, was von anderen an mich herangetragen wird. Ich will nicht Klinken putzen gehen und meine Dienste anbieten, die dann oft nur aus Höflichkeit – oder noch schlimmer: aus Mitleid – nicht abgelehnt werden. Im Übrigen gibt es ja so viele neue, andere spannende Aufgaben. Warum nicht gerade jetzt, im dritten Leben, etwas Neues probieren?

Sicher, wenn die Rente nicht reicht, wenn es hinten und vorne knapp ist, dann macht es Sinn, sein Können noch an manchen Stellen anzubieten und zu verkaufen. Aber nicht, wenn ein erfülltes berufliches Leben hinter einem liegt und – noch mal – schon in der Bibel steht, wir sollen mit unseren Pfunden wuchern. Und davon haben Sie doch sicher noch mehr als nur die, die Sie in Ihrem Beruf eingebracht haben? Also: Der alte Arbeitsplatz ist ein No-go und der alte Job kommt nur infrage, wenn Ihnen andere dringend ans Herz legen, sich doch noch mal einzubringen ... ansonsten: Auf zu neuen Ufern. Nichts ist spannender und beglückender. Glauben Sie mir!

KAPITEL 6

Nie sind Freunde wichtiger

Sie kennen das sicher: dieses dunkle Gefühl, im Berufsleben nie genug Zeit für Freunde gehabt zu haben. Jetzt,
so nehmen Sie sich vor, jetzt, im dritten Leben, wird das
ganz anders. Wohl denn …

Nur: Wenn Sie Ihre Freundschaften 40 Jahre ver-
nachlässigt haben, pflichtbewusst nur an Weihnachten
die obligatorische Karte verschickt, dann müssen Sie
sich jetzt nicht wundern, wenn die Freundschaften nicht
mehr so sind, wie sie mal waren. Sie sind verflogen, vorbei, haben sich verändert.

Darum ist jeder gut beraten, auch während der aktiven
Berufszeit seine wirklich guten Freundschaften zu pflegen.
Es müssen ja gar nicht so viele sein. Eine echte Freund-
schaft ist ein Juwel. Nicht zu Unrecht sagen Psychologen,
jeder Mensch könne höchstens so viele pflegen, wie er
Finger an einer Hand hat: fünf. Fünf gute Freunde fürs
Leben.

Ich erinnere mich noch wie heute, wie ich meine erste
und bis heute engste Freundin kennengelernt habe. Wir
waren ganze sieben Jahre alt. Sie fuhr brav auf einer Ski-

abfahrt hinter ihrer Mutter her. Ich hinter meiner. Nur war ihre schneller als meine. Und sie hatte so wunderschöne blonde Locken – ich dagegen rattenkurze, glatte braune Haare. Was wir unten beim Skiabschnallen genau gesagt haben, weiß ich nicht mehr. Aber als ich – als vermeintlich Letzte – bei der Aufnahmeprüfung in die Oberschule alleine in der letzten Bank saß, kam sie noch später mit hochroten Wangen hereingehuscht, setzte sich neben mich. Inzwischen sind fast 60 Jahre vergangen. Wir blieben einander verbunden. Mit allen Höhen und Tiefen, meinen unzähligen Umzügen, zwei Scheidungen, zwei Kindern. Wir standen gemeinsam weinend an den Gräbern unserer Eltern, freuen uns noch immer auf unsere Weihnachtspäckchen und erzählen uns von unserem wunderbaren Klassenlehrer. Der so kluge Kunstführer verfasste, dass sie uns bis heute auf unseren Reisen begleiten.

Freundschaft ist ein kostbares Glück. Wir müssen sie behüten, schützen, pflegen. Durststrecken durchstehen und bei Meinungsverschiedenheiten auch mal den ersten Schritt machen. Freundschaften sind – und das ist wichtig – kein Ersatz für familiäre Beziehungen. Das ist ein anderes Kapitel. Freundschaften sind auch keine Bekanntschaften. Aber ohne Freundschaften wäre das ganze Leben viel ärmer, vor allem das dritte Leben. In dem wir mehr Zeit füreinander haben. Gerade jetzt zeigt sich auch die Qualität einer Freundschaft. Hier gilt es, die oft demoralisierenden Auswirkungen des Abtritts von der beruflichen Bühne aufzufangen. Zuzuhören, zuzureden und Verständnis zu haben für das neue Leben des Freundes, der Freundin. Meist sind Freunde ja etwa im gleichen

Alter wie man selbst, also oft auch in der gleichen Situation. Das hilft.

Gucken wir doch gemeinsam auf die seelische Verfassung des Freundes, der Freundin, die gerade nach meistens 40 Jahren aus dem gewohnten Umfeld in ihr neues Leben startet. Solange wir beruflich eingebunden sind, mit den damit verbundenen gesellschaftlichen Kontakten, so lange ist ja alles gut. Aber jetzt? Wer keine Netzwerke hat, fällt tief. Ehepartner und Kinder können das alles gar nicht auffangen. Zudem mit der Angetrauten, mit dem Ehemann oder den Kindern nie alles besprochen werden kann, was einen Menschen so tief drinnen bewegt. Es ist schon seltsam, dass die Veränderung der Lebenssituation auf der einen Seite Freiheit und freie Entscheidungen mit sich bringt, sich andererseits aber die sozialen Kontakte reduzieren. Die Freiheit des Menschen, sein Schicksal zu lenken und andere für sich zu gewinnen, wird eingeschränkt. Alle Untersuchungen zu dieser Thematik bestätigen, dass sich gerade diejenigen älteren Menschen im dritten Leben am wohlsten fühlen, die über umfangreiche gesellschaftliche Verbindungen verfügen. Während der Berufstätigkeit scheinen Freundschaften für viele Menschen nicht die große, vorrangige Rolle zu spielen. Auch der Ehepartner scheint da oft wichtiger zu sein. Aber im dritten Leben werden die Freunde oft zum bedeutenden Ersatz für den Verlust des beruflichen Umfeldes. Kein Wunder, wenn dann zu diesem Zeitpunkt Freundschaften mit Gleichaltrigen für den Einzelnen wieder wie in der Jugend lebensnotwendig werden. Genau wie sich in der Jugend die Gefühlsbande zu den Eltern durch Beziehungen zur Peergroup, also zu Gleichaltrigen und Freundeskreisen, verschoben haben. Das hat damals geholfen, erwachsen zu werden. Sich zu lösen von der elterlichen Kontrolle. Im Umgekehrten funktioniert das dann auch nach der Berufstätigkeit. Vorausgesetzt, das soziale Leben eines Menschen beschränkte sich nicht nur auf Arbeitskollegen oder auf Menschen, mit denen man ausschließlich als Ehepaar Kontakt hatte.

Freundschaften mit Gleichaltrigen sind eine wirklich gute Alternative zur Rolle in der Ehe oder im Beruf. Besser allemal als die Beziehungen zu den eigenen Kindern. Gerade weil Freundschaft auf gegenseitiger Wahl, gegenseitigem Bedürfnis und freiwilliger geselliger Interaktion von Ebenbürtigen beruht. Das gibt jedem der Freunde das feste Gefühl, etwas wert zu sein, nützlich zu sein, geachtet zu werden um seiner selbst willen.

Der Leipziger Soziologe Georg Simmel beschreibt den Unterschied von Liebe, Ehe und Freundschaft ganz wunderbar:

»Das Freundschaftsideal geht auf eine absolute seelische Vertrautheit [zurück]. Dieses Eintreten des ganzen, ungeteilten Ich in das Verhältnis mag in der Freundschaft deshalb plausibler sein als in der Liebe, weil ihr die einseitige Zuspitzung auf ein Element fehlt, die die Liebe durch ihre Sinnlichkeit erfährt ... unleugbar öffnet bei den meisten Menschen die geschlechtliche Liebe die Tore der Gesamtpersönlichkeit am weitesten, ja, bei nicht wenigen ist die Liebe die einzige Form, in der sie ihr ganzes Ich geben können. Besonders häufig dürfte dies bei Frauen beobachtet werden ... Andererseits aber, wo das Liebesgefühl nicht expansiv genug, die übrigen Seeleninhalte nicht bildsam genug sind, kann ... das Überwiegen der erotischen Verbindungslinie … das Sich-Öffnen der jenseits des Erotischen liegenden Reservoire die Persönlichkeit unterdrücken. Die Freundschaft, der diese Heftigkeit, aber auch diese häufige Ungleichmäßigkeit der Hingabe fehlt, mag eher den ganzen Menschen mit dem ganzen Menschen verbinden, mag eher die Verschlossenheit der Seele, zwar nicht so stürmisch, aber in breiterem Umfang und längerem Nacheinander lösen … Vielleicht hat der moderne Mensch zu viel zu verbergen, um eine Freundschaft im antiken Sinne zu haben, vielleicht sind die Persönlichkeiten auch, außer in sehr jungen Jahren, zu eigenartig individualisiert, um die volle Gegenseitigkeit des Verständnisses, des bloßen Aufnehmens … zu ermöglichen. Es scheint, dass deshalb die moderne Gefühlsweise sich mehr zu differenzierten Freundschaften neigte, d. h. zu solchen, die ihr Gebiet nur an je einer Seite der Persönlichkeit haben und in die übrigen nicht hineinspielen.« (*Soziologie*, Seite 268f.)

Interessanterweise haben Frauen während ihres ganzen Lebens das größere Bedürfnis nach Freundschaft. Sie scheinen auch die bessere Begabung für vertrauliche Freundschaften zu besitzen als Männer. Zumindest sagen das alle Untersuchungen, die sich mit der Verfassung von Männern und Frauen im Alter beschäftigen. Dabei stellen Wissenschaftler auch fest, dass sehr oft die Ehefrau die einzige Vertraute des Mannes ist, während die engste Vertraute der Ehefrau höchstwahrscheinlich eine Freundin ist. Männer sind also wohl ganz zufrieden mit der Nähe und Intimität zu ihrer Ehefrau, während Frauen zusätzlich enge Freundschaften zu Menschen des eigenen Geschlechts suchen.

Warum ist das so? Das Geheimnis liegt in der unterschiedlichen Sozialisation der Geschlechter. Ein Junge wird dazu angehalten, Sanftheit, Zärtlichkeit und Mitgefühl zu unterdrücken und sich dieser Regungen zu schämen. Vom Mann wird dann später erwartet, dass er sich in Kaltblütigkeit und Widerstandsfähigkeit übt, sein Bedürfnis nach Erwiderung von Gefühlen verbirgt sowie eine offene Manifestation seiner Zuneigung zu anderen Männern unterdrückt. Gefühlsunterdrückung aber vermindert die Fähigkeit des Einzelnen, enge Beziehungen einzugehen. Die Gefühle verkümmern. So sind Männer, das ist bekannt, gefühlsunabhängiger als Frauen. Der Preis ist die verminderte Fähigkeit, Intimität zuzulassen. Ein häufiger Konflikt bei Paaren. Frau fühlt sich zurückgesetzt, weil aus ihrer Sicht ihr zu wenig Zuneigung gezeigt wird. Mann fühlt Zwang und ist beunruhigt, weil Gefühl verlangt und erwartet wird.

Im Berufsleben hilft dem Mann dieses Verhalten. Er pflegt meist nur oberflächliche soziale Kontakte. Dadurch fallen ihm Orts-, Berufs- und Stellungswechsel leichter. Wenn es ihm um Zuneigung und Vertrautheit geht, verlässt er sich auf die eigene Frau.

Die wiederum oft nicht die für sie nötige Menge Zuneigung, Trost, Unterstützung und Wärme erfährt. So wendet sie sich seit Jahrhunderten immer wieder auch Freundinnen zu. Tauscht dort alle Vertraulichkeiten aus, zu denen sie in der Ehe nicht kommt. Manch einer behauptet, dass so die Frauen, die sowieso schon älter werden als die Männer, besser auf das Witwendasein vorbereitet wären. Mit ihrem Netzwerk an Freundinnen. Dennoch ist aber auch für sie der Verlust des nächsten

Menschen, und das ist und bleibt der Partner, schwer zu verwinden.

Wie aber gewinnen wir im Alter Freunde, wenn wir es doch als Kinder so einfach gekonnt haben? Lehnen Sie sich zurück und erinnern Sie sich an ein schönes Erlebnis mit einer Freundin, einem Freund, damals, vor 50, 60 Jahren. Waren es die gleichen Interessen? Vielleicht angeln? Oder zusammen die ganzen Ferien Monopoly spielen? Wissen Sie noch, wie traurig Sie waren und verletzt, wenn die Freundin, der Freund plötzlich auf dem Schulhof nicht mehr mit Ihnen »gegangen« ist, sondern mit einem aus der vorderen Schulbank? Hat Sie Ihr Freund abschreiben lassen? Haben Sie ihn abschreiben lassen? Lassen Sie sich vom heiter-leichten Kokon der Kinderfreundschaft einfangen, umwehen. Es ist nicht vorbei. Auch heute, hier und jetzt ist Freundschaft möglich.

Am ersten Januar nach einer fröhlichen Silvesternacht haben mein Mann und ich mit einem befreundeten Ehepaar Monopoly gespielt. Es war wie früher zu Kinderzeiten. Wer kauft? Wer hält? Wer geht wie mit Schulden um? Irgendeiner war dann pleite, und gewonnen hat nicht derjenige, der die teure Schlossallee und die Parkstraße hatte, sondern der mit den mittleren Vermögenswerten. Wir waren wieder wie Kinder, obwohl alle Damen über 65, die Herren über 70 Jahre alt. Und jedes Mal, wenn wir seither telefoniert haben, sagen wir: »Wir wollen bald mal wieder miteinander spielen.«

Das könnte doch auch für Sie eine gute Anregung sein, eine alte Freundschaft wiederaufleben zu lassen, vielleicht eine neue zu festigen. Schon als Kinder waren wir nicht nur mit einem Einzigen befreundet. Der eine war unser Freund auf dem Fußballplatz, den anderen kannten wir aus dem Freibad. Freundschaften entstehen und bleiben, wenn Menschen ähnliche Interessen haben, wenn sie sich sympathisch sind, wenn »die Chemie« stimmt. Wer im dritten Leben Freunde hat, wird besser alt, lebt gesünder, fröhlicher und gelassener. Jeder Einsatz, eine Freundschaft zu pflegen, lohnt sich. Wenn Ihnen mal was in dieser Freundschaft zu mühsam erscheint, dann hinterfragen Sie die Qualität Ihrer Beziehung. Vielleicht ist das Gefühl »mühsam« nur ein Vorwand, nur ein Symptom, dass etwas anderes zwischen Ihnen nicht so stimmt. Da gilt es dann ehrlich zu sein. Miteinander offen zu reden, eventuell dem anderen zu sagen, dass die Lebensmuster wohl verschiedene sind, dass es einfach nicht »passt«. Wir haben nicht mehr so viel Zeit. Wir sollten sie gut verbringen, ehrlich, offen und gerade. Ein Freund, eine Freundin wird das immer zu schätzen wissen.

Denn Wandel und Wachsen sind die Kennzeichen einer lebendigen Freundschaft. Dabei wäre es beglückend, wenn wir bereits in unserer aktiven, berufstätigen Zeit Freundschaften in verschiedenen Altersgruppen schließen könnten. Als ältere Frau oder als älteres Paar mit einem jungen Paar, das gerade die Kinder einschult, eine größere Wohnung sucht und mittendrin im altbekannten Trubel steckt: Haushalt, Job, Kinder, Schule, Einkaufen... Da können Ältere zuhören, vielleicht auch mal helfen. Oder einfach nur da sein. Davon haben alle was: die Jungen und die Alten. Vielleicht lässt sich ein regelmäßiger Termin vereinbaren, an dem die Jungen einen Abend für sich haben und die Alten den Kindern vorlesen, kochen und sie ins Bett bringen.

Das wäre eine Ergänzung der anderen Freundschaften, die ja im Kern meist aus den Zeiten des Sandkastens, den Jahren auf der Schulbank, an der Universität, einfach aus dem gemeinsamen Erleben entstehen.

Und auch in meinem Leben gibt es Freundschaften, die so vielfältig sind und auf so unterschiedliche Weise entstanden sind. Als Anregung, sich auch in Ihrem Kreis mal umzusehen, umzutun und sich zu engagieren, habe ich einige für Sie skizziert:

- Da ist die Skihang-Freundin, die durch Schulzeit, Eheschließungen und Scheidungen, Kindergeburten und Taufen bis hin zu den Themen, die uns schon früher verbunden haben, geblieben ist: Kunst, Kultur, Reisen und Sport.
- Dann die Freundin aus den, wie ich es nenne, mittleren Jahren. Mit der Tennisturniere bestritten wurden, Wanderungen gemacht wurden, gemeinsam mit befreundeten Paaren und den heranwachsenden Kindern. Nächtelange Gespräche, weil ein Ehemann eine Freundin hat, zu der er nun gezogen ist. Diskussionen über die Zukunft, die Kinder und die Liebe. Kommt da wohl noch mal eine? Bleibt man nach der Scheidung alleine? Wir müssen heute nicht mehr so oft telefonieren, können aber immer da anfangen, wo wir beim letzten Mal mit dem Reden aufgehört haben.
- Dann die jüngere Freundin mit einem uns allen »unbekannten« Vater ihrer zwei süßen Söhne. Längst leitet sie selbstbewusst und engagiert ein eigenes Architekturbüro und hat ihr Leben im Griff. Genauso wie ihre inzwischen erwachsenen Söhne, wenn auch ganz unterschiedlich. Der Vater ist nicht mehr unbekannt,

aber verschwunden aus ihrem Leben. Sie ist für mich eine Freundin zum Pferdestehlen.

- Oder die Freundin aus den Zeiten beim Fernsehen. Auch ihre zwei Töchter sind schon kurz vor dem Abitur, jede Begegnung ist, als hätten wir uns erst gestern das letzte Mal gesehen, auch wenn es schon Monate her ist. Mit ihr verfliegen die Nächte, wenn wir ins Reden kommen. Über alles. Wobei die Männer nur am Rande vorkommen.
- Gleich alt ist eine neue Freundin: Unternehmerin in der dritten Generation, mit einem wunderbaren Künstler-Mann. Rotarierin und sozial engagiert. Getroffen haben wir uns nach einer Vernissage in Emden. Unser Kontakt: E-Mails und SMS.
- Dann meine Hotel-Freundin. Sie führte mal eines, als ich in einem neuen Job erst mal ein Zimmer brauchte, um mir eine Wohnung zu suchen. Ihre Frühstücke waren sensationell und ihre Freundschaft ist eine Bank. Sie kann nicht nur toll kochen, sondern stets gute Laune verbreiten. Wobei auch mit ihr das Leben nicht nur gnädig ist.

Es gibt sicher auch in Ihrem Leben solche tollen Freunde. Mit großem Glück erlebe ich, dass es keine Frage des Alters ist, wunderbare, spannende Menschen kennenzulernen, sich mit ihnen anzufreunden, die Freundschaft zu pflegen. Manchmal nur eine kurze Zeit, weil die Wege sich wieder trennen. Manchmal zunehmend enger und näher. So, dass man sich das Leben ohne die andere oder den anderen gar nicht mehr vorstellen kann. Wichtig bleibt dabei immer: dass niemand einrastet, stehen bleibt im Lebensfluss.

Mir persönlich fehlen aufgrund meines eigenen Alters die mütterlichen Freundinnen, diese Frauen, die einem wie ein Schutzwall vorkommen. Damit man selbst noch nicht in der vordersten Frontlinie steht. Als ich noch so mittendrin stand im Berufsleben, da habe ich nicht die Zeit gehabt, sie zu erkennen und zu pflegen. Heute weiß ich, dass es sie gab. Eine von ihnen, die beste Freundin meiner Mutter, schenkte mir mal zwei Kopfkissen und einen silbernen Engel als Schlüsselanhänger. Mir wird heute noch warm ums Herz, wenn ich an sie denke. Ich habe mich viel zu wenig um sie gekümmert. Vor allem, als sie alt und gebrechlich war und sich an so vieles nicht mehr erinnern konnte. Darum: Freundschaften pflegen, hegen, beschützen. Es gibt nicht viel Kostbareres.

KAPITEL 7

Ehe im Alter – Eine ganz neue Partnerschaft

Wer diesen Film je gesehen hat, wird ihn ein Leben lang nicht mehr vergessen: »Pappa ante Portas« – die hinreißende Geschichte von Loriot alias Einkaufsdirektor Heinrich Lohse. Der aus seinem Job rausfliegt und unglücklich zu Hause auf der Couch sitzt. Der Arbeitsplatz ist weg, der daheim ist von der Ehefrau besetzt. Aber Heinrich Lohse begreift das nicht. Er kauft palettenweise Senf wegen des Mengenrabatts. Die Putzfrau bekommt einen vom ihm ausgearbeiteten Reinigungsplan, er übernimmt das Management und schrabbt nur millimeterscharf an einer Trennung vorbei. Gut, damals haben sich noch nicht so viele Ehefrauen im dritten Leben von ihren Ehemännern scheiden lassen. Er hatte also Glück.

Heute sind die Frauen längst nicht mehr so langmütig. Zwei Drittel aller Scheidungen in Deutschland werden von Frauen eingereicht. Natürlich nicht immer erst, wenn der Mann nach dem Job ganz zu Hause aufschlägt. Aber auch dann. Denn es gibt kaum eine größere Krise in einer altehrwürdigen langen Ehe, als wenn der Ehemann seinen

Schreibtisch oder seinen Bagger verlassen muss und plötzlich zu Hause seine Erfahrung, sein Wissen, seine Tatkraft und das aus seiner Sicht bessere Management einbringen will. Dass jahrzehntelang zu Hause alles gut lief – Geschichte! Aber jetzt kann er doch zupacken … Millionen Ehefrauen wenden sich mit Grausen ab. Oder mit einem Grinsen. So kreativ kann man als Frau gar nicht sein, um dem betätigungssüchtigen Ehemann immer wieder neue Aufgaben zu suchen. Irgendwann ist tatsächlich alles repariert, sind alle Hecken geschnitten, ist der Teppichboden raus und das neue Parkett verlegt. Und dann?

Da hilft nur eines: miteinander reden. Offen, ehrlich. Dem Ehemann klarmachen, was Ehefrau bisher zu Hause – so nebenbei – geleistet, organisiert hat. Ihm ebenso klar sagen, wo er sich auch in Zukunft raushalten soll. Oder wo wir ihn gut gebrauchen können. Ich bin auch in solchen Situationen ein Fan von Papier und Bleistift. Aufschreiben, was er will und kann, was sie sich vorstellt. Dann notieren, wie ich mir das dritte Leben mit ihm zu Hause vorstelle. Danach lässt es sich besser miteinander reden. So ein Gespräch können Sie auch im ersten gemeinsamen Urlaub im dritten Leben führen. Stoffsammlung machen, was Sie gemeinsam mögen, was Sie sich wünschen und was man getrennt tun könnte.

Wie ist zum Beispiel die Wohnsituation zu Hause? Hat jeder auch eine Rückzugsmöglichkeit, wenn man jetzt den ganzen Tag, die ganze Woche zusammen ist? Vielleicht aus dem alten Kinderzimmer ein zweites Schlafzimmer machen, damit der Kranke, der Schnarcher oder sonst wie nächtlich Störende in sein eigenes Reich ziehen kann. Passt dort ein Sessel hinein? Ein kleiner Schreibtisch?

Dann könnte auch aus dem ehelichen Schlafzimmer das große Bett gegen ein schmaleres ausgetauscht werden. Dadurch entsteht Platz für einen weiteren Sessel zum Lesen und einen Schreibtisch für den Laptop und zum Briefeschreiben, wozu er oder sie jetzt eher Zeit hat.

Wollen Sie wieder gemeinsam öfter ins Kino gehen? Oder lockt das Theater? Was macht jeder für sich? Er Sport? Sie Yoga? Will einer studieren? Der andere seine Kochkünste verbessern? So eine Liste kann lang sein. Das alles funktioniert aber nur, wenn die Beziehung noch intakt ist, wenn sie auch im dritten Lebensabschnitt tragfähig bleibt. Welch ein Glück! Denn viele Studien bestätigen: Gerade nach der Berufstätigkeit ist der Partner, die Partnerin der wichtigste Unterstützer.

Es gibt sie aber auch, die Ehen, die so vor sich hin dümpeln. In denen er oder sie morgens muffig in den Job geht. In denen die Wochenenden eher Qual als Freude sind, in denen man sich aus dem Weg geht und nichts Gemeinsames mehr plant. Dann ist die Pension des Partners, der Ruhestand, für beide eine ziemliche Herausforderung. Vor allem wir Frauen müssen uns dann überlegen: Wollen wir so, in dieser Situation wirklich alt werden? Wenn so gar nichts mehr Spaß macht? Wir Frauen werden zum einen älter als die Männer, die zudem meist ohnehin älter sind als ihre Frauen. Wie hat es so schön geheißen bei der Trauung: »In guten wie in schlechten Tagen« … Wenn aber die guten Tage ab jetzt immer weniger werden, wenn die verbleibende Lebenszeit ab Mitte 60 absehbar ist, dann ist die Frage berechtigt, wie die Partner diese Zeit verbringen wollen. Miteinander? Oder doch lieber auf getrennten Wegen?

Klar ist: In der Regel profitieren Männer stärker von einer Ehe als Frauen. Sicher auch einer der Gründe, warum verwitwete Männer meist sehr schnell wieder heiraten. Im Gegensatz zu Witwen, die laut Statistik ihre letzten Lebensjahre überwiegend alleine verbringen. Da wir allesamt aber auch sehr viel älter werden, steigen für eine gute Beziehung die Chancen beträchtlich, gemeinsam länger alt zu werden. – Die Betonung liegt auf »gute Beziehung«.

Vielleicht lohnt aber auch die Anstrengung im dritten Leben, die Partnerschaft gemeinsam auf neue Füße zu stellen. Mithilfe einer klugen Beratung, mit einem Ortswechsel, neuen Aufgaben, neuen Zielen? Vielleicht ist das auch allemal billiger als eine an den Nerven zehrende, teure Scheidung. Bei der dann meist der Freundeskreis auseinanderbricht, die Kinder sich zu- oder abwenden und oft erst mal eine einsame Strecke vor den Geschiedenen liegt.

Es gilt also vieles zu bedenken – aber keinen Grund, zu verzagen. Irgendwann war man sich doch ganz nahe und vertraut. Also, warum nicht einen Neuanfang wagen? Zeit miteinander verbringen statt alleine. In einer neuen Lebensphase. Unsere Vorfahren hatten kein solches Glück. Da sind vor allem die Frauen viel früher verstorben, im Kindbett beim 14. oder 15. Kind. Wir sollten unsere Chancen nutzen und nicht vertun. Die Chance auf ein neues Leben zu zweit.

KAPITEL 8

Wie wohnen und vor allem: Wo?

Wenn Sie in Ihrer alten Wohnung bleiben

Es gibt ein schönes altes Sprichwort: Einen alten Baum soll man nicht verpflanzen. Heißt: Bleibe da wohnen, wo du immer gelebt hast. Das ist sicher wahr. Wahr ist aber auch, dass sich unsere Bedürfnisse im dritten Leben verändern. Das beginnt schon mit dem Raumbedarf. Die Kinder sind aus dem Haus. Die ehemaligen Kinderzimmer werden in den seltensten Fällen von den Eltern so erhalten, wie sie einst von den Heranwachsenden verlassen wurden: mit Patchworkdecke auf dem Schlafsofa, dem Teddy oder der geliebten Puppe in der Mitte und den Büchern von Karl May bis Pippi Langstrumpf im Bücherregal. Manche Mütter haben aus dem ehemaligen Kinderzimmer ihr Nähzimmer gemacht, andere Väter daraus ihr Büro. Nur das Bett ist erhalten, wenn die Kinder dann doch mal übernachten wollen. Oder später für die Enkel, wenn die Großeltern als Babysitter gebraucht werden.

Sicher, das kann man alles so lassen. Aber vielleicht will das Ehepaar jetzt auch zwei getrennte Schlafzimmer im Alter? Weil er schnarcht, weil sie gerne ab vier Uhr früh liest? Und ihn dadurch nicht stören will? Für jeden ein eigenes Refugium im dritten Leben ist sicher ein zusätzliches Plus für die gemeinsamen Jahre – in denen man ja nicht immer aufeinanderhocken muss. Nur weil jetzt beide immer daheim sind.

Also in diesem Fall: Wohnsituation erhalten, nur aus dem alten Kinderzimmer ein zweites Schlafzimmer für einen der beiden machen. Sollten Sie sich nicht gleich einigen können, wer das »neue« Zimmer beziehen darf: Losen Sie doch aus. Das Gestalten dieses neuen Zimmers macht jedenfalls viel Freude. Neue Vorhänge, dazu passende Kissen, ein neuer Boden. Vielleicht Parkett, weil der Teppichboden wirklich nicht mehr sehr hygienisch ist. Werfen Sie das alte Schlafsofa des Kindes raus, kaufen Sie sich für diesen Lebensabschnitt ein neues Bett. Dabei Vorsicht: die Matratze ist enorm wichtig. Wie schwer sind Sie, mögen Sie es lieber härter, weicher? Federkern oder Hartschaum? All das will bedacht werden. Treffen Sie keine schnellen Entscheidungen! Sie verbringen ein Drittel Ihres Lebens im Bett – und das soll doch passen, oder? Nehmen wir an, die Ehefrau zieht in das neue Zimmer, dann kann doch für den lieben Mann das alte eheliche Schafzimmer auch neu hergerichtet werden. Obwohl er sicher sagen wird: Das ist doch nicht nötig. Tun Sie's trotzdem. Es ist der Start in das neue Leben. Vielleicht mit einem kleinen Schreibtisch für ihn, auf den er seinen PC stellen kann, und mit einem Regal, in dem er seine Bücher unterbringt. Auch ins Damenschlafzimmer passt sicher ein Schreibplatz. Sollten Sie nicht wissen, wohin, empfehle ich die Lektüre von britischen Wohnzeitschriften. Die sind voller kreativer Ideen, denn in Großbritannien ist Wohnraum teuer und knapp – die Menschen sind daher höchst erfinderisch im Nutzen aller Nischen.

Sie wollen sich verändern, verkleinern

Zweite Möglichkeit: Sie möchten zwar am gleichen Ort bleiben, aber aus dem großen Haus, der zu großen Wohnung raus und auf weniger Quadratmetern leben. Vielleicht aus wirtschaftlichen Gründen oder auch, um weniger Arbeit zu haben. Weil Ihnen die Fenster zu groß sind, der Rasen zu mühsam zum Mähen ist. Der Heckenschnitt kaum mehr zu bewältigen ist und Sie mit dem Jäten der Beete gar nicht mehr nachkommen.

Wenn Sie schon so weit sind, sollten Sie mutig über die kommenden etwa 20 bis 30 Jahre nachdenken, die die Menschen in Deutschland im Durchschnitt nach dem Renteneintritt noch vor sich haben. Zum Beispiel auch über die Tatsache, dass uns das Gehen schwerer fallen wird, dass wir vielleicht Krücken brauchen oder im Rollstuhl sitzen. Wenn auch nicht ständig, aber für eine kurze Zeit nach einer Operation. Dann sollte die Wohnung vor allem ebenerdig sein. Und wenn Sie in ein Mehrfamilienhaus ziehen, sollte ein Aufzug vor der Wohnung enden. Und nicht ein paar Treppen unterhalb der Wohnungstür ...

An Ihrem alten Wohnort werden Sie sicher alle Geschäfte und Praxen in der Nähe gehabt haben: den Einkaufsmarkt, die Apotheke, den Arzt, vielleicht die Bushaltestelle und eine S- oder U-Bahn-Station. Bei der Wahl eines neuen Wohnortes ist dies noch wichtiger. Denn wir werden nicht flexibler im Alter – eher weniger beweglich.

Da sollten alle Geschäfte und Ärzte zu Fuß oder mit dem Bus erreichbar sein.

Ein wichtiges Argument, nicht zu spät, sondern lieber so früh wie möglich über einen solchen vermutlich letzten Umzug nachzudenken, sind auch die sozialen Kontakte. Wenn Sie zu alt sind beim Umzug, fällt Ihnen nicht nur die ganze Arbeit furchtbar schwer. Nein – Sie werden sich auch sehr viel schwerer tun, neue Menschen kennenzulernen. Die Freunde und guten Nachbarn aus dem alten Viertel werden Sie vielleicht noch ein-, zweimal besuchen – aber dann ist da voraussichtlich auch Schluss. Kommen Sie kaum noch aus Ihrer neuen Wohnung heraus, werden Sie auch nicht mehr mit Ihren neuen Nachbarn ins Gespräch kommen. Dann werden Sie niemanden mehr zum Tee oder Kaffee einladen, geschweige denn ein Abendessen machen. Fazit: Umziehen lieber zu früh als zu spät – falls Sie überhaupt daran denken.

Auswandern: Tschüss Regenwetter – willkommen Sonnenschein

Sie haben es satt in Deutschland und wollen nichts wie weg und in die Sonne? Vielleicht dahin, wo Sie schon immer gerne Ihren Urlaub verbracht haben? Da gibt es ein paar wichtige Punkte zu beachten, wenn Sie die Verlagerung ihres Wohnsitzes ins Ausland für Ihren dritten Lebensabschnitt planen. Zunächst einmal die Sprache. Die sollten Sie unbedingt lernen (das ist außerdem gut für die geistige Fitness, siehe ab Seite 155), damit Sie im Alltag, bei Behörden oder Ärzten nicht auf einen Dolmetscher angewiesen sind. Auch wäre es gut, wenn Sie in Ihrem dritten Leben an dem erwählten Ort erst mal zur Probe wohnen. Länger als in einem der bisherigen Urlaube. Am besten auch mal im Winter, außerhalb der Hauptsaison. Suchen Sie sich dafür eine bezahlbare Unterkunft mit guter Infrastruktur. Sie werden merken: An Ihrem neuen Wohnort muss sehr viel mehr stimmig sein als an einem Urlaubsort.

Gute Nachricht dabei: Die gesetzliche Rente wird in jedes Land der Erde überwiesen. Der Versicherte muss nur die Nummer des Kontos im Ausland nennen, auf das die Zahlung erfolgen soll. Formulare gibt es auch online unter www.rentenservice.de. Allerdings verlangt die Deutsche Rentenversicherung jedes Jahr eine sogenannte Lebensbescheinigung. Damit sicher ist, dass der Rentenempfänger wirklich noch lebt. Nicht so wie jüngst in Japan geschehen, wo der staatliche Rententräger feststellen musste, dass doch einige der 48 000 über Hundertjährigen gar nicht mehr am Leben waren – aber die Verwandten, die die Rentenzahlungen gerne kassiert haben.

Doch nicht nur die Renten, auch eine Beamtenpension, die Betriebsrente und die Rente eines privaten Lebensversicherers werden ins Ausland überwiesen. Die finanzielle Seite verändert sich durch einen Umzug also nicht. Auch der Krankenversicherungsschutz bleibt innerhalb Europas unverändert erhalten. Aber: Wie steht es mit der Gesundheitsversorgung in Ihrem bevorzugten Land? Gibt es gute Ärzte, gute Kliniken? Oder müssen Sie im Falle einer ernsteren Erkrankung sofort wieder zurück nach Deutschland? Das sollten Sie bei Ihrem Probewohnen alles gründlich recherchieren.

Stellt sich dann noch die steuerliche Frage. Das ist ein Thema für Ihren Steuerberater. Dabei sollten Sie sich klar werden darüber, ob Sie auf alle Fälle mehr als sechs Monate an dem neuen Wohnort bleiben wollen oder doch noch einen Wohnsitz in der Heimat behalten möchten.

Schließlich sollten Sie auch die Möglichkeit einer Rückkehr bedenken. Die meisten Rentner und Pensionäre, die ins Ausland umziehen, gehen als Paar. Was, wenn der Partner nicht mehr lebt? Wollen Sie dann alleine bleiben? Oder vielleicht doch zurück in die gewohnte Umgebung, in die Nähe der Kinder und Enkel?

Insgesamt gilt: Auswandern ins europäische Ausland ist heute kein Problem mehr. Schwieriger wird es mit dem Übersiedeln in die USA, nach Asien oder Südamerika. Das sollte man sich sehr gründlich überlegen. Gerade wenn man sich ein von der Sonne verwöhntes Land ausgesucht hat, sollte man vielleicht auch den Satz von Hermann Hesse bedenken: »Nichts ist schwerer zu ertragen als eine Folge von guten Tagen.« Immer Sonnenschein? Wollen Sie das wirklich? Zudem ist Deutschland schon ein ziemlich gut organisiertes, sehr lebenswertes Land. Sie werden das bemerken, wenn Sie bei Ihrem Probewohnen länger im Ausland sind. Viele der »Renten-Auswanderer« kommen übrigens wieder zurück, weil sie sich in Sachen Gesundheitsversorgung dort doch nicht so wohl- und sicher gefühlt haben.

Die drei Auswanderer, von denen ich Ihnen jetzt erzähle, wollen allerdings im Augenblick alles andere als zurück nach Deutschland. Sie sind rundum glücklich, in Thailand und in der Türkei.

Harald, 68 Jahre, war schon im Urlaub in Thailand, aber damals hat es ihm dort nicht so gut gefallen. Nach dem Tod seiner Lebensgefährtin reiste er nochmals dorthin, diesmal auf die Insel Koh Samui. Dort verliebte er sich in eine Thailänderin. An Liebe auf den ersten Blick wollte der typische Norddeutsche zwar nie glauben – aber jetzt hatte es ihn erwischt. Das war vor drei Jahren. Inzwischen haben die beiden geheiratet. Was nicht einfach war mit den vielen Papieren und Übersetzungen. Schließlich musste der Deutsche beweisen, dass da nicht noch eine Ehefrau zu Hause wartete.

Inzwischen hat Harald auch ein sogenanntes Rentenvisum für Thailand. Das ist ein Jahr gültig. Dafür muss man über 50 Jahre alt sein und ein monatliches Einkommen von 65 000 Baht nachweisen, das sind umgerechnet etwa 1500 Euro. Sein Bungalow, in dem er jetzt mit seiner Frau in Strandnähe lebt, kostet umgerechnet 250 Euro Miete im Monat. Er hat 80 Quadratmeter, zwei Zimmer, Küche, Bad. Eine große Terrasse, einen Garten mit vielen Blumen und eigenem Gemüse. Damit er weiß, was in Deutschland los ist, leistet er sich eine Internet-Flatrate, und so kann er auch weiter deutsche Zeitungen lesen. Das Leben ist viel billiger als in Deutschland. Er genießt das warme Wetter mit viel Sonne und meist um die 30 Grad Temperatur. Harald ist zwar immer noch in Deutschland gemeldet, hat auch noch ein deutsches Konto. Auch wenn er ins Krankenhaus müsste, würde er so schnell wie möglich nach Deutschland zurückfliegen. Nicht, weil die Kliniken in Thailand schlecht wären. Nein – die verlangen Vorkasse und seine deutsche Krankenversicherung würde diese Kosten nicht übernehmen. Doch insgesamt ist Harald rundum zufrieden. Er will hier nicht mehr weg. Er will in Thailand alt werden.

Katarina und Wolfgang leben jetzt seit drei Jahren in der Türkei. Mit ihrer Rente konnten sie in Norddeutschland keine großen Sprünge machen: Katarina und Wolfgang blieb von ihren 1500 Euro im Monat nach Abzug der 840 Euro Miete für ihre 67-Quadratmeter-Wohnung nicht mehr viel zum Leben. So ließ sie die Idee, ganz in die Türkei zu ziehen, bald nicht mehr los. Alanya an der Küste war schon seit Jahren ihr Urlaubsziel. Am Anfang haben sie erst mal drei Monate zur Probe gewohnt, um zu sehen, ob es ihnen dort auch wirklich gefällt. In dieser Zeit fanden sie auch eine große Wohnung mit einer großen Dachterrasse für ganze 350 Euro Miete. Ab da war alles klar: Katarina und Wolfgang zogen in die Türkei. Sie lösten in Deutschland alles auf, verkauften das Auto, verschenkten die Möbel. In Alanya fiel es ihnen nicht schwer, sich einzuleben. Die Menschen sind freundlich, das Wetter ist wunderbar. Das Meer warm und ganz in der Nähe ihrer Wohnung. Auf dem Dach hilft eine drei Meter große Satellitenschüssel, alle Informationen aus der Heimat zu empfangen, die Kinder kommen abwechselnd zu Besuch. Einziger Wermutstropfen: die Sprache. Jetzt heißt es im kommenden Jahr: Türkisch lernen. Damit der neue Wohnort wirklich zu einer Heimat wird. Denn zurück wollen sie nicht, die beiden. Das steht inzwischen fest.

Sie planen eine Alters-WG oder ein Mehrgenerationenhaus

Wenn Ihnen all dies nicht so gut gefällt, könnten Sie sich ja noch überlegen, mit guten Freunden eine Alters-WG zu gründen. Ich kann mich gut erinnern, dass wir einst als noch junge Frauen darüber nachgedacht haben.

Ein gemeinsames Haus, jeder sein eigenes Zimmer, eine große gemeinsame Wohnküche und vielleicht für uns alle eine Betreuerin. Die wir uns dann auch leisten könnten.

Inzwischen denke ich, dass das ein großes Projekt ist, das mit ebensolcher Ernsthaftigkeit angegangen werden muss. Also: Die Menschen, die da zusammenziehen, müssen wirklich zusammenpassen und sich gut verstehen. Meist sind das dann die alten guten Freunde, die einen ein Leben lang begleitet haben. Für eine solche Alters-WG sollte man sich auf eine Sprecherin, einen Sprecher einigen, der das ganze Projekt über ein, zwei Jahre moderiert, also in der Entstehung begleitet. Wenn die Wohngemeinschaft dann tatsächlich ein passendes Haus oder einen Hof auf dem Land gefunden hat, wenn jeder zufrieden ist und die Zugeständnisse nicht zu groß sind – dann kann man das sicher angehen. Wobei ich denke, dass sich Frauen unter sich besser organisieren und arrangieren als Paare. Aber: »Give it a try«, so sagen die Briten. Versuchen Sie's – das ist es allemal wert.

Erfolg versprechender scheint die Mehrgenerationen-Idee. Darüber finden Sie vieles im Internet. Der ehemalige Bremer Bürgermeister Henning Scherf hat darüber ein kluges Buch geschrieben: »Grau ist bunt«. Aber er räumt auch ein, dass seine Frau und er zehn Jahre an dem

Projekt gearbeitet haben, sich die Mitbewohner genau und klug ausgesucht haben. Weil sie auf keinen Fall wollten, dass das Projekt nichts wird. Sie alle leben bis heute noch in ihrem Mehrgenerationenhaus zusammen. Von denen es in Deutschland immer mehr gibt. Aber wie gesagt: Nehmen Sie sich Zeit, wenn Sie dieser Gedanke fasziniert!

KAPITEL 9

Kinder und Enkel neu entdecken

Die meisten berufstätigen Mütter haben ja ein Leben lang im tiefsten Inneren ein schlechtes Gewissen: War ich auch genug für die Kinder da? Was habe ich alles versäumt? Warum läuft es bei uns nicht so wie bei all den anderen tollen Eltern (die auch nicht immer die ganze Wahrheit erzählen, aber das merkt man oft erst später)? Jetzt, im dritten Leben, denkt man sich dann: »Jetzt kann ich ja vieles wiedergutmachen.« Aber der Mensch denkt und Gott lenkt – und so kommt es oft doch ganz anders.

Denn wenn die Kinder älter werden, sind sie zwar biologisch immer noch Ihre Kinder, haben sich aber längst zu eigenständigen Erwachsenen entwickelt. Zum Teil mit eigenen Kindern, Partnern, mittendrin in dem Leben, das man selbst jetzt hinter sich hat. Wer es daher nicht schon während der aktiven Berufszeit geschafft hat, eine nahe Beziehung zu den Liebsten aufzubauen – der wird sich im Alter schwertun. Noch dazu, wenn die Lebenspartner der Kinder einem nicht hundertprozentig liegen. Was ja vorkommen soll. Denn welche Schwiegertochter ist schon so perfekt, dass sie den himmlischen Sohn verdient?

Aber erst mal die gute Nachricht für das dritte Leben: Die meisten älteren Menschen in Deutschland haben Kinder. Denn die Nachkriegsjahre bis Mitte der 1960er-Jahre waren die goldenen Jahre des bürgerlichen Ehe- und Familienmodells. Die Krisen- und Kriegsjahre und der neue Frieden erhöhten den Wunsch junger Frauen und Männer nach einem geordneten privaten Familienleben. Dazu erlaubte es der rasche Wirtschaftsaufschwung, früh zu heiraten und Kinder in die Welt zu setzen. In Deutschland sprach man damals von einem »Babyboom«. Wobei vor allem das klassische Modell der bürgerlichen Kleinfamilie – Mutter, Vater, zwei Kinder – sehr verbreitet war. Von allen Frauen, die nach 1940 geboren wurden, hatten nur zehn Prozent keine Kinder. Und so haben nur wenige der heute in Rente oder Pension lebenden Menschen keine Kinder. Das wird dann Jahrzehnt für Jahrzehnt weniger. Bis von den ab 1965 geborenen Frauen fast ein Drittel kinderlos sein wird. Was bedeutet, dass diese Frauen ihre fehlenden familiären Beziehungen gezielt durch Freundschaften kompensieren werden müssen (siehe auch das Kapitel zu Freunden ab Seite 65).

Was können Väter und Mütter in den Jahren mit mehr Zeit denn Besonderes tun, um vielleicht die Beziehungen zu ihren Kindern neu zu positionieren, zu verbessern, zu intensivieren? Mir hat immer geholfen, dass meine Eltern mit mir und unter sich vereinbart hatten: Jeden Sonntag wird telefoniert. Egal, wo wer gerade ist. Das kann ein kurzes Gespräch sein oder ein längeres, wenn Tochter oder Sohn und Eltern gerade Zeit und Lust dazu haben. Bei mir hinterließ es immer ein warmes Gefühl, die Stimme von Vater und Mutter mal wieder gehört zu haben. Vielleicht verabredet man sich auch zu einem Kinobesuch in der kommenden Woche, wenn man nicht zu weit voneinander entfernt wohnt. Ein Wochenende gemeinsam beim Wandern oder in einer Stadt mit Konzert und Ausstellungen. Mit so einem losen roten Faden wie dem sonntäglichen Telefonat sind solche Aktivitäten viel leichter zu verwirklichen.

Ganz zu schweigen davon, dass man als Vater oder Mutter auch mehr erfährt, wenn die Abstände der Gespräche und Besuche nicht zu weit auseinanderliegen. Wissenschaftler nennen solche Beziehungen »Intimität auf Abstand«. Etwas, was besonders zwischen Müttern und Töchtern besteht. Wie ja überhaupt die weiblichen Mitglieder einer Familie oft engere Kontakte pflegen. So ergab eine soziologische Untersuchung von Helene Lopata über die Mutter-Tochter-Beziehung eindeutig: »Müttern wird deutlich mehr geholfen, und Töchter helfen etwas mehr als Söhne, sodass die Tochter-Mutter- Linie auch in puncto Hilfe stärker ausgeprägt ist. Darauf erst folgen Sohn-Mutter und Tochter-Vater. Das niedrigste Hilfeniveau findet sich zwischen Söhnen und ihren Vätern.« Jedenfalls ist es ein großes Glück, wenn sich die Beziehung zu den eigenen Kindern auch im dritten Leben aktiv und positiv gestaltet.

Ich möchte aber an dieser Stelle auch nicht verschweigen, dass es auch anders sein kein. Zu jeder Zeit und innerhalb jedes Gesellschaftssystems machen ältere Menschen zwei allgemeine Erfahrungen: Die körperlichen Kräfte schwinden und viele ihrer Altersgenossen sterben. Die gewohnten sozialen Rollen verändern sich, die älteren Menschen fühlen sich »außen vor«, nicht mehr dabei, nicht mehr gefragt. Auch ihr Wissen, ihre Erfahrung will niemand mehr abfragen. Dabei ist es klar, dass gerade in denjenigen Gesellschaften, in denen die Alten als wertvolle Mitglieder der Gemeinschaft geschätzt werden, die Menschen viel älter werden und vor allem seelisch und körperlich länger gesund bleiben.

Nun – bei uns in Deutschland kann man nicht unbedingt sagen, dass die Alten sehr geschätzt werden. Da muss man schon selbst sehr aktiv sein, sich einbringen, um für andere wertvoll zu bleiben.

Da ist Kreativität gefragt. Lesen, nachdenken, recherchieren, sich austauschen – so kommen Ihnen vielleicht gute Gedanken, die Beziehung zu den Kindern neu zu formen. Zum Beispiel wird ja vieles ausgespart, vor allem Konflikte, unterschiedliche Meinungen zu politischen, wirtschaftlichen, aber auch oft familiären Themen. Man will sich ja auch nicht gegenseitig verletzen und wehtun. Darum lieber Unangenehmes aussparen. Die Probleme beiseiteschieben.

Jeder hat seine eigene kleine Welt und seine eigene unverrückbare Meinung. »Oh mein Gott, der Vater spricht wieder über das Wirtschaftswachstum unter Erhard«, stöhnen die erwachsenen Söhne. Oder die Töchter möchten von ihren Müttern nichts mehr davon hören, wann sie selbst sauber waren, wie schnell sie durchgeschlafen haben und dass man Kinder sich womöglich selbst erfahren lassen soll. – Die sogenannte antiautoritäre Erziehung lässt grüßen. Ich habe damals alle Bücher aus und über Summerhill verschlungen. Ob es den Kindern was gebracht hat – das mögen die entscheiden.

Weil es, zwischen Eltern und Kindern oft so viele Wissenslücken gibt, habe ich meinem Mann in seinem dritten Leben geraten, doch seine eigene Lebensgeschichte, samt Scheidung und beruflicher Karriere, mit Kuren (und Kurschatten), finanzieller Situation und seiner heutigen Lebenssituation aufzuschreiben (siehe ab Seite 112). Das hat die Beziehung zu seinen Söhnen deutlich verbessert. Seitdem scheint mir vieles zwischen den drei Männern gelöster, einfacher. Der Umgang, die Telefonate, jetzt auch die E-Mails. So vieles steht nicht mehr zwischen ihnen: Missverständnisse, Fehlinformationen, Interpretationen. Das war wahrlich eine sinnvoll investierte Schreibe-Zeit.

Dass Eltern ihren Kindern helfen, wenn es eine Krise gibt, ist selbstverständlich. Damit aber die Kinder überhaupt fragen können, bedarf es einer offenen, ungestörten Kommunikation. Wer schon einen Brass auf die Mutter hat, die angeblich »nie da war, wenn man sie gebraucht hat«, oder auf den Vater, der immer, wenn er mal alleine mit einem war, als Erziehungsmaßnahme eine Liste der angeblichen Verfehlungen herausgezogen hat – dann bittet kein Kind diesen Elternteil um Unterstützung. Ich möchte also alle Eltern im dritten Leben ermutigen, die Beziehungen zu den Kindern zu entkrampfen, zu vereinfachen. Sich auf der einen Seite nicht einzumischen. Aber da zu sein, wenn ein Kind um etwas bittet oder einen Rat erfragt.

Denn es findet in diesem Lebensabschnitt eine Umkehrung der Rollen statt: hier die Kinder als mitten im Leben stehende Erwachsene, dort die Eltern, die einst den Kindern den Weg wiesen, aber sich in ihrem neuen Abschnitt irgendwie mit der Autorität ihrer Kinder arrangieren müssen. Interessant ist in diesem Zusammenhang, dass in anderen traditionellen Gesellschaftssystemen die älteren Menschen vor allem deshalb bis zu ihrem Lebensende aktiv mitarbeiten, weil fast jeder in einer solchen Gesellschaft am Rande des Existenzminimums lebt. Die erzwungene Untätigkeit der älteren Menschen ist nur in einer Wohlstandsgesellschaft wie der unseren möglich. Es hat eben auch immer mit »Vermögen« zu tun, wenn eine Gruppe der Gesellschaft nichts mehr zum Gesamtvermögen beitragen muss. Unsere Kinder werden wohl ein anderes »drittes Leben«, eine andere Rentenzeit oder Pension erleben, als sie uns heute geschenkt ist.

Die Veränderung der sozialen Rollen sowie die sich für uns Ältere daraus ergebenden Konsequenzen sind klug und einfühlsam in Shakespeares Tragödie »König Lear« nachzulesen. Darin werden die zwei in Konflikt stehenden Bedürfnisse alter Menschen beschrieben und durchschaut: Sie brauchen die Liebe und Unterstützung ihrer Kinder und wollen sich ihre eigene Unabhängigkeit erhalten. Das klappt aber nicht. Warum, das wird dramatisch bei William Shakespeare geschildert: Die beiden älteren Töchter des Königs verraten ihren Vater. Sie stehen also prototypisch für die Untreue der Jungen in ihrer Beziehung zu den Alten. Dabei sollten wir beim Lesen nicht übersehen, dass Lears tragisches Schicksal vor allem durch seinen Entschluss, sich zurückzuziehen und die Macht seines Amtes auf seine Töchter zu übertragen, verursacht wird. Nicht so sehr durch sein hohes Alter und das Schwinden seiner körperlichen Kräfte. Wir sollten uns das vor Augen führen, wenn wir über Testamente (siehe Service-Anhang, Seite 192) und den Rat »mit warmer Hand zu geben« nachdenken, wenn wir etwas aus steuerlichen Gründen überschreiben wollen und hoffen, dass ein Nutznieß auf einer Wohnung, einem Haus Konflikte mit den Kindern vermeidet und ihnen später Erbschaftssteuern spart.

Wenn ich hier vom Glück im dritten Leben schreibe, dann geht ein großes Quantum dieses Glücks auf das Konto von Enkelkindern. Kinder der eigenen Kinder – aber wir sind nicht mehr die Eltern, sondern Oma oder Opa, liebevoll zugewandt, aber nicht mehr für alles verantwortlich.

Wie hoch Großmutter und Großvater im Kurs stehen, ist schon in den Märchen der Gebrüder Grimm nachzulesen. Jetzt können wir als Großeltern unseren Enkeln vorlesen. Aber nicht nur das. Wir haben Zeit – ein unschätzbares Gut. Zeit, die wir als Eltern mit den eigenen Kindern so nicht hatten. Wohl den jungen Eltern, die ihre Großeltern in der Nähe wohnen wissen. Kaum eine Großmutter, die nicht gerne einspringt, wenn ein Enkelkind krank wird, der Kindergarten im Jahr zwölf Wochen zumacht, genauso die Schule. Großväter entdecken mit ihren Enkeln nicht nur die Langsamkeit, sondern die Natur oder die Technik, die Freude am Wandern oder Segeln, einfach so viel Neues.

Es ist wirklich ein Glück, Enkelkinder groß werden zu sehen. Was umgekehrt die kleinen Kinder im Augenblick gar nicht so erleben. Erst später, älter und erwachsener, werden sie sich aufgrund von Fotos an Großvater oder Großmutter erinnern und davon berichten. Meine Großmutter zum Beispiel hat mir Gedichte geschrieben. Die habe ich erst als junge Frau entdeckt und noch sehr viel später erst verstanden. Auch von ihrer Liebe hat sie geschrieben und von ihrer Sehnsucht nach dem kleinen

Enkeltöchterchen. Sie hat eben wohl auch Zeit gehabt dafür, für ihre in feinster Handschrift verfassten Briefe, ihre Initialen zu Beginn der Seite. Obwohl nur 100 Kilometer entfernt, hat sie mich selten gesehen. Die Eltern, meine Eltern, waren damals zu beschäftigt, um mich dort vorbeizubringen. Jetzt ist sie schon lange tot. So viel konnte sie mir nicht erzählen. So vieles hätte ich sie gerne gefragt.

Wer zu Beginn des dritten Lebensabschnittes steht, sollte sich dringend Gedanken machen, wie er die Zeit mit seinen Enkelkindern gestalten könnte. Denn neue, enge und persönliche Kontakte zu jungen Menschen lassen Ältere aufblühen. Es ist wie eine neue Liebe, ein neues Leben. Denn die Großmutter und der Großvater werden im Umgang mit den Enkelkindern symbolisch mit zwei besonderen Kindern konfrontiert: mit dem Kind aus der Vergangenheit in sich und dem Kind aus der Gegenwart vor sich. Erzählungen aus der Geschichte des eigenen Lebens, aus der Familie sind deshalb bei beiden Seiten, den Großeltern und den Enkelkindern, sehr beliebt.

Und noch etwas wird in dieser Beziehung gesät: die von Erik H. Erikson als »Generativität« bezeichnete Entwicklungsstufe, während der die Vermittlung und Weitergabe von Erfahrung und Kompetenz an jüngere Generationen zentral ist. Sie zeigt sich etwa in der Mentoren- oder Großelternrolle, funktioniert aber auch mit vielen anderen Aktivitäten, zum Beispiel durch soziales, kulturelles oder politisches Engagement. Aber die Großelternrolle ist heute vielfach die einzig sozial akzeptierte Rolle älterer Menschen, in die Elemente der Generativität wie selbstverständlich einfließen.

Übrigens: Großmütter sind aktiver und engagierter um Enkelkinder bemüht als Großväter. Wobei sich verständlicherweise die Beziehung von Großeltern zu ihren Enkeln mit Beginn der Pubertät reduziert. Kein Wunder, denn dann wenden sich die heranwachsenden jungen Menschen mehr ihrer Altersgruppe zu, der Peergroup, und ab von den alten Großeltern. Die aber als letzte Instanz, noch vor den eigenen Eltern, gefragt sind, wenn es Probleme gibt. Weil sie eben auch außerhalb jeglichen Notendrucks oder Schulstresses und dem möglichen Ärger zu Hause stehen.

Kümmern sich Großeltern um ihre Enkel, dann leisten sie meist auch eine beträchtliche soziale und teilweise finanzielle Unterstützung zugunsten der jüngeren Generation. Immer mehr Großeltern fahren mit ihren Kindern und Enkeln in Urlaub. Was sicherlich auch mit der guten gesundheitlichen Verfassung der älteren Generation zu tun hat. Sie betreuen, versorgen und helfen finanziell. Wohl dem, der Großeltern hat, womöglich noch in erreichbarer Nähe, aber nicht zu nah. Darum: Möchten Sie in Ihrem dritten Leben mehr mit Ihren Enkeln unternehmen, mehr von ihnen erleben – dann prüfen Sie Ihren Wohnort. Vielleicht ist ein Umzug in die Nähe der eigenen Kinder ein Plus für die glücklichen Jahre in Ihrem dritten Leben. Packens Sie's an, solange Sie noch den Schwung dazu haben … es bringt Ihnen nicht nur Glück, sondern ein längeres, fröhlicheres, gesünderes Leben.

KAPITEL 10

Best Ager sind die neuen Stil-Ikonen

Sie sind attraktiv? Haben Lachfalten und eine silbergraue Mähne, dazu 45 Jahre Lebenserfahrung? Dann sind Sie genau richtig für eine neue Karriere als Model der »Best Ager«, der älteren Generation. Denn die einstige Behauptung von Ex-RTL-Boss Helmut Thoma, die Gruppe der 14- bis 49-Jährigen seien die einzig werberelevante Zielgruppe, würde kaufen, entscheiden und der Wirtschaft Geld einbringen, die gehört längst der Vergangenheit an.

Wie immer begann es in den Vereinigten Staaten von Amerika: gut aussehende, gepflegte Herren jenseits der 50 tauchten plötzlich in den großen Anzeigen der Markenfirmen auf. Dann die erfolgreichen Unternehmer Tommy Hilfiger und Ralph Lauren höchstpersönlich, die beide plötzlich mit ihrem grauen Schopf für ihre Anzeigenmotive Modell standen. Es dauerte nicht lange, und die ersten schicken weiblichen Models der Generation 50 plus tauchten auf. Angeführt von Jane Fonda, die mit ihren 70 Jahren mit Anzeigen für teure Hautcremes noch richtig Kohle macht. Angeblich hat sich nie ein Chirurg an ihr versucht …

Wie kommt es, dass endlich unsere ältere Generation so attraktiv wird? Wir seien, so sagte es jüngst der Creative Director von Calvin Klein, »alle in Würde gealtert. Unsere Coolness macht uns so begehrenswert.« Na bitte! Inzwischen haben alle großen Modemacher wie Louis Vuitton, Balenciaga und Céline die kaufkräftige Gruppe der Best Ager, der Menschen ab 50, für sich entdeckt. Und um die zu ködern, brauchen sie authentische Models, Role Models, wie es so schön heißt. Und die können nicht jung sein. Klar. Rundungen sind erlaubt. Glaubwürdigkeit und Realitätsnähe gefragt. Kleider sollten tragbar sein. Size Zero und der Jugendwahn – alles Schnee von gestern.

Und wenn Sie jetzt immer noch zögern: »Die Generation Silver fühlt sich durchschnittlich 15 Jahre jünger, als sie ist«, verriet der Trendforscher Peter Wippermann dem Societymagazin *Gala*. Denn die zwischen 1946 und 1964 geborenen Frauen spiegeln die reichste Generation wider, die es je gab – und die anspruchsvollste. Im Vergleich zur Gesamtbevölkerung betreiben sie mehr Sport und machen etwas aus ihrem Körper. Sei es durch Kosmetik, gesundes Essen, Bildung und Kultur. Botox, so der Fachmann, sei kein Schimpfwort mehr, ebenso wenig wie »kosmetische Optimierungen«, wie der Eingriff des Chirurgenskalpells so zurückhaltend bezeichnet wird.

Gucken Sie sich doch mal in aller Ruhe in einem Zeitschriftenladen die Titelfotos der großen Modemagazine an: da finden Sie Halle Berry, 44 Jahre alt. Noch vor zehn Jahren wäre die nie und nimmer auf einem Titelbild erschienen. Ebenso wenig wie Jennifer Lopez, 41, oder Julia Roberts, heute 45 Jahre. Alter ist eben kein Tabu mehr. Sondern etwas, was man mit Stolz vorweisen kann, bestätigen die Chefredakteurinnen der Glanzgazetten unisono. Und sogar das Kino hat die Lebensmitte und die entsprechenden Protagonisten dazu entdeckt: nicht nur die Regisseure sind zwischen 45 und 60 Jahre alt. Auch Schauspieler müssen in dieser Altersklasse nicht mehr um Rollen kämpfen – sie bekommen sie auf dem Silbertablett präsentiert. »Was das Herz begehrt«, heißt ein Lustspiel der Generation Viagra mit Jack Nicholson und Diane Keaton, das Millionen Dollar einspielte. Das Liebesleben jenseits der 50 thematisiert auch »Wenn Liebe so einfach wäre« mit Meryl Streep. Kristin Scott Thomas ist mit ihren 50 Jahren eine Frau, für die sich in dem Film »Die Affäre« gleich mehrere Männer interessieren. Hier werden Altersflecken und Bauchansatz nicht einfach nur ignoriert, sondern mit Humor genommen.

Der Clou aber ist: die Granny Sandal, die Sandale der Großmutter. Einst verpönte Gesundheitslatschen vom Typ Birkenstock oder Dr. Scholl erobern die Füßchen der US-Stars. Alter: unter 30 Jahre … Also: Machen Sie was aus diesem Trend! Machen Sie was aus und mit Ihrem Alter!

In Deutschland gibt es inzwischen unzählige Agenturen, die »Silver Models« suchen und vermarkten. Es geht gerade erst los. Das kann Spaß machen, ein wenig Geld in die Kasse bringen – und vor allem: Sie begegnen neuen Menschen aus einer ganz anderen Welt. Schon das ist es wert, sich auf die Socken zu machen. Gehen Sie ins Internet, recherchieren Sie, nehmen Sie den Telefonhörer in die Hand oder schreiben Sie eine E-Mail. Vorher sollten Sie allerdings ein ordentliches Foto von sich machen lassen. Vielleicht beim Friseur Ihrem Haar einen neuen Schnitt mit mehr Schwung verpassen. Und dann macht sicher Ihr Partner gerne ein Bild von Ihnen, oder eines Ihrer Kinder oder Enkelkinder.

KAPITEL 11

Was Sie schon immer machen wollten – jetzt ist die Zeit dafür!

Noch einmal studieren

Sie haben Ihr Studium nicht abgeschlossen? Ihre einst geplante Promotion nicht schreiben können? Warum machen Sie das nicht jetzt, im dritten Leben? Die Kinder sind aus dem Haus, die Familienphase ist beendet, die Berufstätigkeit ebenso. An allen Universitäten gibt es inzwischen öffentliche Vorlesungsreihen, die auf die Bedürfnisse und Interessen des höheren Erwachsenenalters zugeschnitten sind. Sie können sich zum Beispiel in den Bereichen Biologie, Medizin, Geschichte, Gesundheitswissenschaften, Psychologie, Philosophie, Kunstgeschichte oder Theologie weiterbilden. Es gibt unzählige Vorträge im laufenden Semester zu Themen, die gerade im dritten Leben interessant und spannend sind: »Lebensqualität im Alter finden«, »Fasten – ein Jungbrunnen für die Seele« oder Themen aus der Kunst zu aktuellen Ausstellungen, aus der Politik zu momentanen Entwicklungen und vieles mehr.

Wenn Ihnen das nicht genügt, dann gehen Sie auf die Website der nächstgelegenen Universität, suchen nach »Seniorenstudium« und finden eine Fülle an tollen Angeboten. Da ist dann sicher etwas dabei. Es gibt auch die Möglichkeit, sich als Gasthörer an der Universität einzuschreiben. Das ist gerade dann sinnvoll, wenn Sie sich eingehender mit den Inhalten eines oder mehrerer Fächer vertraut machen möchten. Gegen einen geringen Semesterbeitrag können Sie dann auch nicht-öffentliche Lehrveranstaltungen besuchen.

Wobei Sie auch über ein richtiges Studium nachdenken können. Quasi im geistigen Anschluss an Ihre einstige Studienzeit. Das heißt dann aber: einschreiben, Vorlesungen und Seminare belegen, Arbeiten und Präsentationen abliefern. Den Bachelor oder den Master im Auge haben. Das ist richtig Arbeit. Tag für Tag. Darüber sollten Sie sich im Klaren sein.

Wenn Sie kein Abitur, aber dennoch großes Interesse an wissenschaftlicher Weiterbildung haben: Fast alle Universitäten bieten ein sogenanntes Kontaktstudium für ältere Erwachsene an. Da studieren Sie zusammen mit jungen Studenten. Pro Semester bietet das Kontaktstudium an den meisten deutschen Universitäten über 300 Veranstaltungsreihen aus den unterschiedlichsten Fakultäten an. Auch Senioren können sich dafür einschreiben, wobei die Voraussetzung nicht die Hochschulzugangsberechtigung, also das Abitur, ist, sondern ein Interesse an wissenschaftlichen Fragen sowie der Nachweis Ihrer Berufserfahrung. Und die Zeit dafür, die Sie einplanen müssen. Also mindestens zwei Stunden wöchentlich für die Vor- und Nachbereitung pro Lehrveranstaltung. Allerdings ist so der Erwerb eines universitären Abschlusses nicht möglich. Die Teilnahme kostet an jeder Universität Geld, zum Beispiel in Hamburg 110 Euro pro Semester, für spezielle Veranstaltungen wie PC-Kurse fallen Zusatzkosten an. In Hamburg nehmen pro Semester 4500 Interessierte an der Hochschul-Weiterbildung teil. Das sind fast zehn Prozent der jungen Studierenden. Sie sind also nicht alleine, wenn Sie in Ihrem Alter noch mal an die Uni gehen. Ganz im Gegenteil: Sie sind unter jungen Menschen und unter Gleichaltrigen. Da gibt es viele Kontaktmöglichkeiten, das ist beschwingend und hält einen selbst jung. Vor allem das Gehirn. So werden wir dann auch wacher und fitter älter. Nicht zu unterschätzen!

Ungewöhnlich reisen

Nie mehr »nur« sechs Wochen Jahresurlaub. Nie mehr Brückentage suchen und die Ferien so legen, dass es noch mehr wird. Nein – jetzt im dritten Leben ist eigentlich immer Urlaub, oder? Sie werden schnell merken, dass dem nicht so ist. Dass einen, wenn man nicht aufpasst, der Alltagstrott auffressen kann. Zwischen Reinigung und Waschmaschine, Einkaufen und Kochen, Räumen und Ordnen.

Aber: Lassen Sie sich davon nicht zu sehr vereinnahmen. Sie wollten doch in Ihrem dritten Leben genau die Dinge tun, zu denen Sie früher nicht so viel Zeit hatten? Kramen Sie doch Ihre Reiseträume heraus. Sie wollten immer mal mit dem Bus über die Seidenstraße fahren? Am Südpol die Gletscher, Eisberge und Pinguine erleben? Deutschland und seine Schönheiten entdecken oder mit dem Kanu durch Kanada? Packen Sie's an – es ist gar nicht schwer.

Wenn Sie nicht alleine leben, sondern einen Partner haben, dann muss der natürlich als Erster über Ihre Reisepläne informiert und von diesen überzeugt werden. Vielleicht gibt es ja in Ihrer Beziehung bereits eine gemeinsame Länderliste – mit den Ländern und Städten, die Sie gerne noch alle sehen möchten? Jetzt wäre die Zeit zum Abhaken ... Nehmen Sie sich einen gemütlichen Abend Zeit und besprechen Sie Ihre Wunschziele. Sobald das Reiseziel und vor allem die Art der Reise feststehen, müssen Sie sich dann gut vorbereiten.

Als Erstes: der Gang zum Hausarzt. Lassen Sie einen umfassenden Gesundheitscheck machen. Der Arzt sagt Ihnen auch, welche Reiseziele sich für Sie eignen und welche besser zu vermeiden sind. Hier sind nicht nur die Temperaturen am Urlaubsort ein bedeutender Faktor, sondern auch die Frage nach der ärztlichen Versorgung oder der Verfügbarkeit bestimmter Medikamente. Ihr Arzt wird das Impfbuch kontrollieren. Lassen Sie sich über Krankheiten, die vor Ort auftreten können, beraten und diskutieren Sie notwendige Impfungen und Prophylaxe-Maßnahmen.

Unabhängig von Ihrem Alter ist es sinnvoll, vor Ort auf die richtige Ernährung zu achten. Rohes Fleisch oder roher Fisch sind – vor allem bei Reisen außerhalb Europas und der USA – unbedingt zu vermeiden, und Gemüse oder Obst sollten Sie vor dem Verzehr schälen. Keine Eiswürfel in Getränken, Softeis meiden. Und befolgen Sie die alte Tropen-Grundregel: »Cook it, peel it, or throw it away.« Koch es, schäl es oder wirf es weg. Das hat mir persönlich schon sehr oft geholfen und mich gerettet, wenn die Kolleginnen und Kollegen im Team bei Auslanddrehs mit Durchfall oder Erbrechen darniederlagen. Ebenfalls sollten Sie sich umfassend gegen die Sonneneinstrahlung schützen. Aber das ist ja heute eine Selbstverständlichkeit.

Und noch etwas, dem Sie vielleicht nicht so viel Bedeutung beimessen: Ihre Kulturtasche. Die sollte sich grundsätzlich an die Reisedauer anpassen. Für einen kurzen Städtetrip benötigen Sie deutlich weniger Kosmetika und Pflegehilfsmittel als für den mehrwöchigen Urlaub in der Sonne. Beachten Sie, dass jedes Hotel ab drei Sternen Seife, Duschgel und Shampoo bereithält – so müssen Sie nicht unbedingt immer die großen Plastikflaschen mitschleppen. Kleiner Trick: Packen Sie alles, was auslaufen kann, zusätzlich in kleine Plastiktüten ein. Im Flugzeug öffnen sich Flaschen manchmal auf ungeahnte und geheimnisvolle Weise!

Verstauen Sie auch alle Elektrogeräte in einer Schutzbox oder -hülle. Beim Kofferpacken legen Sie die Kulturtasche auf den Boden: Läuft wider Erwarten eine Flüssigkeit aus, werden immerhin nicht alle Kleidungsstücke in Mitleidenschaft gezogen.

Wenn Sie eine Flugreise ausschließlich mit Handgepäck antreten, müssen Sie unbedingt die geltenden Handgepäckbestimmungen beachten. Sämtliche Flüssigkeiten müssen dabei in einer durchsichtigen, wiederverschließbaren und nicht mehr als einen Liter fassenden Plastiktüte mitgeführt werden. Zwar können Sie diese Plastiktüte in Ihre Kulturtasche reinlegen, müssen sie aber höchstwahrscheinlich beim Sicherheitscheck am

Flughafen kurz herausholen und vorzeigen. Schließlich darf keiner der mitgeführten Behälter eine Füllmenge über 100 Milliliter haben. Damit Sie am Flughafen nichts wegwerfen müssen, greifen Sie auf spezielle Miniversionen Ihrer Pflegeprodukte aus der Drogerie zurück. Ich bin immer wieder erstaunt, wie viele Reisende von diesen nun seit fünf Jahren geltenden Sicherheitsregeln noch nie etwas gehört haben und versuchen, die großen Parfümflakons, die Lotionen und Duschgels in Super-Packungen durch die Sicherheitskontrolle zu kriegen. Die Wartenden in der Schlange können dann den gesamten Kofferinhalt in Ruhe betrachten. Das will man doch nicht wirklich, oder?

Jetzt zu denen, die alleine leben. Viele Alleinstehende genießen ganz bewusst ihr Singledasein und reisen aus Überzeugung alleine. Aber ehrlich: Auf Dauer kann ein solcher Urlaub auch ganz schön langweilig werden. Die Lösung: Reisepartnervermittlungen, die Ihnen einen geeigneten Begleiter für die nächste Reise suchen. Nicht selten bleibt am Ende der Reise eine lange Freundschaft bestehen. Es tauchen auch immer wieder Berichte von Liebespaaren in den Zeitungen auf, die über eine Reisepartnervermittlung zusammengefunden haben.

Aber bleiben Sie auf dem Boden mit Ihren Erwartungen: Bei einer solchen Dienstleistung geht es zunächst nur um Gesellschaft für den Urlaub. Was aus den Ferien zu zweit wird, sollte sich fortan möglichst ungezwungen entwickeln können. Fest steht aber längst: Das Reisen zu zweit garantiert den höchsten Erholungsfaktor. Es ist einfacher als in einer Gruppe und allemal fröhlicher als ganz alleine. Probieren Sie's ruhig mal aus. Wenn's nicht klappt, können Sie dann beim nächsten Mal wieder alleine verreisen.

Das dritte Modell für eine gelungene Reise bieten die viel geschmähten Gruppenreisen oder Cluburlaube. Wer viel erleben, herzlich lachen oder mal richtig abfeiern möchte, ist da gut aufgehoben. Viele Aktivitäten machen in einer Gruppe einfach mehr Spaß. Vor allem die sportliche Komponente der Ferien kommt dabei besser zum Tragen: Ob Beachvolleyball, Wassersport oder Wandern – mit einer gut gelaunten Truppe im Rücken werden Sie deutlich schneller »warm«. Reisepartnervermittlungen bieten daher immer öfter auch die Organisation von Gruppenreisen an. Der Erfolg steht und fällt allerdings mit einer guten Abstimmung: So sollten die Reisepartner ungefähr im selben Alter sein und idealerweise die gleichen Hobbys wie Sie haben.

Nun noch einmal altersgemäß zum Thema »Reisen und Gesundheit«. Denn inzwischen ist ein Drittel aller Reisenden aus Deutschland über 60 Jahre alt. Diese Golden Ager sind aber wiederum bekannt dafür, dass sie sich und ihrer Gesundheit oft zu viel zumuten. Zum Beispiel bei exotischen Reiseangeboten. Die scheinen gerade auch Ältere gerne mal dazu zu verführen, sich und ihre Kräfte zu überschätzen. Aber mit 60 plus braucht man nun mal länger, um sich an wechselnde klimatische Verhältnisse, Zeitverschiebung und ungewohnte Speisen zu gewöhnen. Es ist daher wichtig, das Reiseziel auch der eigenen Konstitution gemäß gut auszuwählen.

Recherchieren Sie, wie heiß ist es zur Reisezeit am Urlaubsort ist. Ob es extreme Tag-Nacht-Unterschiede gibt. Wann ist Regenzeit? Bei Zeitverschiebungen sollten Sie sich nach der Anreise erst mal ein paar Tage Ruhe gönnen, bevor Sie ein mögliches Aktiv-Programm starten.

Ein Abenteuerurlaub ist dagegen nicht immer eine gute Idee, wenn man im dritten Leben noch mal ungewöhnlich reisen möchte. Gunther von Laer, Arzt bei der deutschen Botschaft in Indien, warnt hier: »Das Bewusstsein für die Gefahren fehlt bisweilen.« Darum kritisch die eigene Gesundheit zusätzlich zur Meinung des Hausarztes überprüfen. Fragen Sie sich vor der Reise, welche Belastungen Sie erwarten. Wie sieht die Wasser- und Nahrungsversorgung aus? Welche Notfallmedikamente müssen Sie mitnehmen? Gibt es Wechselwirkungen mit den Medikamenten, die Sie ohnehin ständig einnehmen müssen? Wo bekommen Sie im Notfall Hilfe?

Checken Sie auch, wie viele und welche Medikamente Sie mitführen dürfen. Das kann je nach Reiseziel variieren. Informationen dazu können Sie oft bei der jeweiligen Landesbotschaft oder dem Auswärtigen Amt einholen. Manchmal ist auch ein Attest nötig, um Arzneimittel in ein Land einzuführen. Neben ihrem Reisepass oder Ausweis sollten chronisch Kranke möglichst genaue Dokumente über ihre Krankheit mitführen. Etwa einen Arztbericht oder die Ergebnisse ihrer letzten ärztlichen Untersuchung (EKG, Röntgenbilder, Blutbild etc.), sodass ein Arzt vor Ort im Notfall schnell alle nötigen Informationen einsehen kann. Je nach Urlaubsland sollten die Dokumente in der jeweiligen Landessprache, zumindest jedoch in Englisch, vorhanden sein, um sprachliche Komplikationen möglichst zu vermeiden.

Das klingt jetzt alles sehr bürokratisch. Aber es ist hilfreich, wenn Sie dann wirklich zur Bustour über die

Seidenstraße aufbrechen, durch Sri Lanka wandern oder den Irrawaddy in Myanmar, dem früheren Burma, hinaufschippern möchte. Eine gute umfassende Vorbereitung garantiert Ihnen später ein ungestörtes Reisevergnügen. Und die Zeit dazu haben Sie ja jetzt – also warum warten? Los geht's!

Als Großmutter als Au-pair ins Ausland?

Schütteln Sie nicht den Kopf ob solch einer Idee! Vielleicht hat Sie nicht nur als junge Frau, sondern Ihr ganzes Leben das Fernweh geplagt? Sie hatten immer das Gefühl, viel zu wenig von der Welt gesehen zu haben? Dann gehören Sie vielleicht in Ihrem dritten Leben zu den unternehmungslustigen Frauen, die sich von folgender Anzeige angesprochen fühlen:

»Sie sind weiblich, ungebunden, über 50 und träumen davon, noch einmal für längere Zeit ins Ausland zu gehen? Granny Aupair macht diesen Traum wahr.«

Das ist keine Spaßanzeige. Granny Aupair gibt es tatsächlich. Und Jahr für Jahr packen mehr Frauen im Rentenalter ihre Koffer, um im Ausland in Gastfamilien die Kinder zu hüten, ihre Sprachkenntnisse zu verbessern und etwas vom Land kennenzulernen.

Inzwischen vermitteln viele Agenturen ältere Frauen nach Amerika, Indien, Afrika, England, Spanien, Frankreich, Jordanien und andere Länder. Deutsche Frauen sind sehr beliebt als Au-pairs. Sie gelten als zuverlässig, ordentlich, und engagiert. Was wir ja auch sind, oder?

Zum Beispiel Susanne R., heute 64 Jahre alt. Sie arbeitete als junges Mädchen in der Hamburger Schiffswerft

Blohm + Voss. Als technische Zeichnerin. Mit dem Blick auf die Elbe kamen die Träume. Die sie nie wahr machen konnte. Denn mit 20 Jahren heiratete Susanne, mit 21 kam das erste Kind (so war das damals in den 1970er-Jahren). Alles ging seinen ganz normalen Gang. Die Tochter ging mit vier Jahren in den Kindergarten und mit sechs zur Schule. Susanne kehrte dann wieder in den Job zurück. Der Traum vom Abenteuer im Ausland blieb – weiter unerfüllt. Inzwischen hat die Tochter selbst eine eigene kleine Familie, Susanne ist geschieden, ungebunden und frei. Die Großmutter-Agentur war von ihr begeistert. Schickte ihre Vita und ein Foto an eine Familie in Spanien, Andalusien. Dann ging alles ganz schnell: Susanne flog nach Sevilla, die Chemie zwischen Eltern, Kindern und ihr stimmt. Seitdem verbringt die Hamburgerin viermal im Jahr vier Wochen in der Familie. Sie bringt die beiden Kinder zur Schule, kümmert sich um das Essen und passt auf, wenn die Eltern ausgehen. Für sie hätte es nicht besser passen können. Inzwischen spricht sie fließend Spanisch und fühlt sich gebraucht, anerkannt und geliebt als Ersatz-Großmutter der spanischen Kinder. Zimmer und Verpflegung frei.

Macht Ihnen das nicht auch Lust? Nur Mut! Es gibt viele Angebote. Und vergessen Sie nicht: Wir deutschen Frauen werden sehr geschätzt.

Schreiben Sie Ihre Erinnerungen auf

Jedes Kind will irgendwann wissen: Woher komme ich? Und später: Was ist im Leben meiner Eltern, meiner Großeltern geschehen, was haben sie erlebt, was hat sie geprägt? Warum bin ich, wie ich bin? Viel öfter, als es zugegeben wird, herrscht zwischen Eltern und Kindern eine gewisse Sprachlosigkeit. Es gibt Tabus, die nie angesprochen werden. Fragen, die sich keiner zu stellen traut.

Warum nutzen Sie nicht die neu gewonnene Zeit, um Ihr eigenes Leben aufzuschreiben? Nein, nicht um es als Buch zu veröffentlichen. Ehrlich, das interessiert normalerweise kaum jemanden. Aber um den Kindern und Enkeln etwas an die Hand zu geben, das sie auch dann noch lesen können, wenn sie niemandem mehr eine Frage stellen können.

Das empfiehlt sich vor allem für die heute so weitverbreiteten Patchworkfamilien. In den deutschen Städten wird jede zweite, auf dem Land jede dritte Ehe geschieden. Spätestens da beginnt innerhalb einer Familie die unterschiedliche Wahrnehmung der Lebenswirklichkeit. Jetzt driften die Geschichten auseinander. Kinder, die in Deutschland zu 92 Prozent bei den Müttern verbleiben, hören dann immer nur die eine Seite. Das muss nicht negativ sein. Es ist nicht so, dass Mütter nur Schlechtes über ihre geschiedenen Ehemänner reden wollen. Aber es ist einfach nur die eine Seite der Medaille.

Also: Setzen Sie sich hin, einen Computer oder eine Schreibmaschine gibt es sicher in Ihrem Haus. Und kramen Sie die ersten Fotos heraus. Vielleicht existiert gar ein Album? Das hilft beim Erinnern.

Meine Großmutter väterlicherseits hatte wohl zum einen die Muße, zum anderen aber auch die große Leidenschaft, Chroniken zu verfassen. Sie erstand dazu alte, abgegriffene Buchrücken. In einer Buchdruckerei bat sie darum, dass man in diese Buchhüllen weiße Seiten ein-

heften möge, und dann schrieb sie in gestochener latei-
nischer Schrift mit spitzer Feder und schwarzer Tinte
die Geschichte ihrer Familie, der Firma und ihrer Kinder
und Enkel auf. Ergänzt von schwarz-weißen, oft vergilb-
ten Fotos. Jedes Kapitel begann die damals schon über
70 Jahre alte Dame mit einem wunderbaren, kunstvollen
Initial-Buchstaben. Eine eigene Chronik widmete sie gar
mir, ihrer jüngsten Enkeltochter. Und erzählte darin von
den Familien meiner Eltern. Leider verstarb sie, als ich
sechs Jahre alt war. Aber ich halte das Buch in Ehren.
So richtig entdeckt und wertgeschätzt aber habe ich es
erst, als auch meine Kinder größer wurden. Und bei ihrem
jeweiligen Auszug als Erstes ihre eigenen Fotoalben in
die Taschen packten. Kinder wollen sich erinnern. Nicht
gleich, nicht jetzt. Aber auf alle Fälle später.

Aber zurück zu den Lebensgeschichten. Kinder sind
sicherlich nicht nur an der Liebesgeschichte ihrer Eltern
interessiert. Das auch: der erste Kuss, wann verlobt, wo
geheiratet – und was sagten damals die Eltern dazu. Ich
denke aber, Kinder wollen auch wissen, wie die Eltern
ihr Leben gemeistert haben. Vielleicht lesen sie das dann
in einer für sie schwierigen Lebensphase. Wenn sie gerade
Geldnöte haben, Sorgen, nicht wissen, wie es weitergeht.
Sie sind vielleicht arbeitslos oder gerade aus dem Ausland zurückgekommen und müssen sich in ihrem Leben
erst wieder neu orientieren.

Deshalb ist es aus meiner Sicht auch wichtig, ehrlich
mit Zahlen umzugehen. Was hat zum Beispiel die erste
Wohnung gekostet? Wie viel haben Vater und Mutter
damals verdient? Und dann weiter: Wie war das bei der
Geburt der Kinder? Hat der aufgeregte Vater bei der

Geburt des ersehnten Sohnes vielleicht eine Beule in sein Auto gefahren? Wie ging dann alles weiter?

Sollten sich die Eltern getrennt haben, wollen Kinder immer wissen: Warum, wieso, weshalb? Das sollte ehrlich aufgeschrieben werden. Denn alle Kinder dieser Welt wünschen sich eine heile Familie bis ans Lebensende – und fragen sich: Warum hat das ausgerechnet bei mir nicht geklappt? Warum haben sich meine Eltern scheiden lassen?

Je nachdem, wer dann schreibt, Vater oder Mutter: Bleiben Sie ehrlich. Schreiben Sie auf, wie die Scheidung verlief, was vor Gericht vereinbart wurde. Wie die wirtschaftliche Situation dann war. Bis heute sind es ja zu über 92 Prozent die Mütter, bei denen die Kinder bleiben. Und die Väter, die dann nach der Düsseldorfer Tabelle Unterhalt zahlen – sollten.

500 000 Väter drücken sich pro Jahr in Deutschland davor! Die Jugendämter können sie schlicht nicht finden. Sie sind entweder bei den Eltern untergeschlupft, arbeitslos oder haben sich arm gerechnet. Letztlich zahlt dann der Steuerzahler für die alleinerziehenden Mütter und ihre Kinder.

Ich finde, zur ganzen, wahren Geschichte gehören auch die Fakten, über die man vielleicht nicht so gerne redet: Wie viel Geld stand dem kleinen Haushalt damals zu? Wie viel blieb dem Vater in seinem neuen Leben? Wie wurde nach der Scheidung das gemeinsam erarbeitete Vermögen aufgeteilt?

Sie werden beim Schreiben bemerken, wie Ihnen die Zeit davonrast. Wie Sie Seite um Seite füllen und Ihnen hier eine Anekdote, dort noch eine schöne Geschichte einfällt. Sie werden bestimmt ein paar Wochen, vielleicht auch Monate dazu brauchen. Nachts werden Sie mit neuen Ideen aufwachen. Legen Sie sich einen Block und einen Stift neben das Bett, dann können Sie immer gleich alles aufschreiben.

Und eines Tages sind Sie am Ende angekommen: im Hier und Heute in Ihrem dritten Leben. Jetzt können Sie noch Ihre Wünsche und Hoffnungen für diesen Lebensabschnitt dranhängen. Alles schön formatieren und ausdrucken oder heften lassen, in Reinschrift übertragen. Ihrer Kreativität sind keine Grenzen gesetzt! Aber: Geben sie es wirklich nur Ihren Kindern und Enkelkindern in die Hand. Nur denen, für die Sie wirklich geschrieben haben. Schon die eigenen Geschwister haben eine andere Sicht- und Erlebensweise, sie werden vielleicht herummäkeln und Änderungen wollen. Lassen Sie sich nicht darauf ein. Ihre Erinnerungen sind nur für die, für die Sie das alles aufgeschrieben haben. Wertvolle Erinnerungen, für niemand anderen …

Klappern Sie die Flohmärkte ab, verkaufen Sie im Internet

Sind Sie ein Sammler oder ein Wegwerfer? Horten Sie seit vielen Jahren in Ihrer Garage, im Keller, im Speicher und in den hinteren Tiefen Ihres Schrankes alles, was Sie nicht täglich brauchen – aber vielleicht mal brauchen könnten? Oder können Sie sich gut trennen von allem, was über ein Jahr nicht im Gebrauch war, was nicht getragen wurde und seit Jahren in Schubladen und Ecken vor sich hin schlummert? In beiden Fälle möchte ich Ihnen aus tiefster Überzeugung und mit Leidenschaft vorschlagen, sich dem Thema Flohmarkt zu nähern. Zu nähern, weil man vorher schon einiges bedenken und wissen sollte.

Erstens: In jedem Dorf, in jeder Gemeinde und in jeder Stadt gibt es Flohmärkte. Sie finden die Termine und Orte in der örtlichen Zeitung, in den Aushängen an der Kirche oder Gemeinde oder wie immer auch im Internet. Am besten gehen Sie erst mal ganz einfach als Besucher hin, nur zum Gucken. Schlendern durch die Reihen, schauen sich die Stände an. Fragen Sie nach Preisen und beobachten Sie die Menschen, die Verkäufer und die Käufer. Achten Sie auf eine gute Stimmung auf dem Markt. Auf ordentliche Verkaufsstände und ein vielfältiges Angebot. Ich bin ganz sicher, Sie werden schon bei Ihrem ersten Besuch etwas finden, was Sie unbedingt brauchen können, und glücklich mit nach Hause nehmen. Zu einem Superpreis, logisch! Haben Sie auch ein wenig gehandelt? Das gehört dazu, das ist Spaß und Spiel, seien Sie nicht zu ernst und verbissen. Das verdirbt Ihnen die Freude.

So, und dann sitzen Sie zu Hause und schauen sich ganz anders in Ihrer Wohnung, in Ihrem Haus um. Wühlen Sie doch mal in Ihrem »Warenlager«, vieles werden Sie dort entdecken, das Flohmarkt-fähig ist. Beginnen Sie zu sammeln, zu sortieren. Blumenübertöpfe, die ausgedient haben. Küchenutensilien, die Sie längst nicht mehr benutzen. Gläser und Sets, die noch seit dem letzten Umzug in einer Kiste lagern. Gehen Sie mit einem inzwischen geübten und kritischen Auge über die Bücherwände, die Regale und durch die Küchenschränke. Was brauchen Sie wirklich noch? Was ist unnütz und was gefällt Ihnen vielleicht auch gar nicht mehr? Ab damit in die gerade neu entstehende Ecke für den ersten Flohmarktbesuch. Wenn Sie einmal die Woche dort »zuliefern«, werden Sie erstaunt sein, wie viel und was sich da so alles ansammelt.

Zwei Dinge vorweg von einer, die inzwischen leidenschaftlich gern auf Flohmärkte geht: Bücher gehen schwer bis gar nicht. Bücher können Sie, wenn Sie sich denn von ihnen trennen wollen und Platz schaffen wollen für neue im Regal, zum Beispiel in einer Stadtbibliothek abliefern. Dort vorher anrufen, fragen, was gebraucht wird, und dann in Waschkörben dorthin bringen. Paperback oder Taschenbücher können Sie auf dem örtlichen Wertstoffhof anliefern. Das kostet dann zwar ein paar Euro, aber das Papier wird wiederverwertet. Was ja auch schon ein Wert an sich ist.

Das zweite Thema sind Kleider. Die sind auf einem Flohmarkt auch nicht unbedingt ein Hit. Auch nicht die ausrangierten Anzüge des Liebsten. Am ehesten gehen Hemden und Pullover, Blusen und T-Shirts. Gefragt sind immer Taschen und Tücher, große Tücher. Die nehmen sich wohl Flohmarktbesucher gerne mit. Ungeplant, aber beliebt. So habe ich das jedenfalls immer wieder erlebt.

Zu den Themen Geld und Preise: Wenn Sie große Gewinne erwarten sollten, dann ist der Flohmarkt nichts für Sie. Wenn Sie dagegen gerne verkaufen und ein wenig handeln können, dann sind Sie richtig. Ich habe die Erfahrung gemacht, dass ein interessierter Besucher bei einem günstigen Angebot nie Nein sagen wird. Es hängt dann auch von Ihrer Intuition ab, Ihrem Gefühl für den Menschen, der da vor Ihnen steht und sich vielleicht gerade den versilberten marokkanischen Becher ansieht. Mit ver sonnenem Blick, weil er vielleicht an einen schönen Besuch auf dem Basar in Marrakesch denkt. So jemand gibt gerne ein paar Euro mehr aus als vielleicht der andere Besucher, der nur ein Mitbringsel für die Schwiegereltern kaufen möchte. Oder die junge ausländische Frau, die mit ihrem Mann vor dem Bügelbrett steht und ihn immer wieder wortlos ansieht. Als ich ihr sage, sie könne es für vier Euro haben, hat dann auch der Mann genickt und die beiden zogen glücklich mit dem Ungetüm von dannen.

Bevor Sie sich entschließen, auf einem Flohmarkt ihrer Wahl als Händler oder Händlerin aktiv zu werden, sollten Sie den Organisator oder Veranstalter herausfinden. Sie müssen sich nämlich einen Platz reservieren lassen und dann dafür auch eine Standgebühr bezahlen. Die ist normalerweise nicht hoch, wenn Sie nicht gerade in einer Großstadt auf dem attraktivsten Platz bevorzugt ausstellen und verkaufen wollen. Rechnen Sie mit fünf bis zehn Euro pro laufenden Meter. Sollten Sie sich auch noch einen Tisch in einer Länge von zwei Metern dazumieten, kommen vielleicht noch drei bis vier Euro dazu. Dann brauchen Sie ein großes Tuch, um den Tisch ein wenig attraktiv abzudecken. Ich nehme dafür ausrangierte Betttücher. Die bei Nachfrage für ein Euro das Stück auch verscherbelt werden. Dann sollten Sie sich als echte Marktfrau oder echter Marktverkäufer einen Bauchbeutel umhängen mit viel Wechselgeld. Und möglichst immer Ihren ganzen Stand im Auge behalten, auch wenn Sie gerade mitten in einem Verkaufsgespräch sind. Es gibt sie nämlich, die kleinen, flinken Diebe, die mal schnell eine Kette oder einen Ohrring mitgehen lassen. Bei meinem letzten Flohmarkteinsatz sind gar ein paar hübsche Sandalen verschwunden – ich habe wohl nicht gut genug aufgepasst.

Sehr schnell werden Sie mit Ihren Standnachbarn ins Gespräch kommen. Einige von ihnen leben davon, auf Flohmärkten Ware zu verkaufen. Andere wieder gehen wie Sie nur hin und wieder, wenn sich zu Hause Keller oder Dachboden wieder gefüllt haben. Man hilft sich untereinander, guckt für den anderen mit, wenn der schnell eine Bratwurst holen geht. Die Atmosphäre ist kollegial freundschaftlich und einige treffen sich auch außerhalb der Flohmärkte, weil sie sich sympathisch finden. Das ist auch so ein Pluspunkt: Sie treffen ganz unterschiedliche Menschen, aus allen Schichten und Klassen. Die ihre Samstag und Sonntage (meistens sind da die Flohmärkte) unter ihresgleichen als Händler und Händlerin verbringen. Den wenigsten geht es dabei um den großen Gewinn. Es geht vielmehr um das Gefühl, Teil einer Gruppe zu sein und sich in dieser Gruppe wohlzufühlen. Denn so ein Flohmarkt macht einfach einen Riesenspaß. Auch wenn einem am Abend alle Knochen wehtun, die Knie schmerzen und der Rücken sich kaum mehr krümmen lässt – denn Sie stehen den ganzen Tag, im Sitzen können Sie nichts verkaufen. Da gehen die Leute einfach an Ihnen vorbei, das werden Sie bemerken, wenn Sie sich mal zwischendurch erschöpft auf Ihrem Plastikstuhl niederlassen. Also: wieder aufrichten und hinein in die Schlacht.

Wenn Sie zudem der Meinung sind, das Geld nicht unbedingt für sich selbst zu brauchen, dann können Sie es spenden. Dazu an Ihren Stand auch ein Schild anbringen: »Alle Erlöse gehen an …« Sie kennen doch sicher eine gemeinnützige Organisation, die sich über jeden Euro freut? Vielleicht sogar die Nachbarschaftshilfe in Ihrem Ort, die dankbar ist für Ihre Unterstützung…

Wenn Sie aber tatsächlich nicht der Typ für Flohmärkte sind, aber andererseits vieles loswerden wollen, dann empfehle ich Ihnen das Internet. Dort gibt es Online-Auktionen, aber auch gebrauchte Bücher lassen sich im Internet verkaufen. Für Auktionen sollten Sie eine digitale Kamera besitzen, mit der Sie die Produkte, die Sie loswerden wollen, vorher fotografieren und auf Ihren Computer laden können.

Gucken Sie sich die Produkte, die Sie loswerden wollen, erst mal drei, vier Wochen an, damit Sie ein Gefühl für die Preise und Erlöse bekommen. Starten Sie Ihre Auktion immer mit einem Euro und beginnen und beenden Sie sie anfangs entweder an einem Donnerstag oder Sonntag, das sind die Tage, an denen erfahrungsgemäß die meisten Menschen Zeit zum Gucken und Mitsteigern haben. Mit der Zeit bekommen Sie dann ein Gefühl dafür, an welchen Tagen Ihre Auktionen am besten laufen. Halten Sie sich an die Versandzeiten, dann kriegen Sie gute Bewertungen, wenn Sie wieder was einstellen. Ich habe Freunde und Familienmitglieder, die schon fast ihren ganzen Hausstand auf diese Weise losgeworden sind. Es scheint »süchtig« zu machen. Diese große, bunte Warenwelt, die so viele Wünsche erfüllt. Ein Klick – und schon hat man ein tolles Teil geschossen. In jedem Fall aber sollte man, wenn man selbst etwas kauft, die Preise in den Geschäften kennen. Damit nicht die Schnäppchenjagd um der Jagd willen zu einem teuren Unternehmen wird. Kann ganz schnell gehen ... also: Vorsicht!

Aber vielleicht ist ein Online-Auktionshaus für Sie genau das Richtige. Ich hatte mir für mein drittes Leben unter anderem vorgenommen, unsere Schränke durchzuforsten, die Garage, den Keller, den Speicher, und die Wohnung überhaupt von allem, was aus meiner Sicht über die Zeit unnütz geworden war, zu befreien. Alles das, was kein Kind jemals mehr haben möchte. Mit einer Freundin habe ich dann mein Konto bei einem großen Online-Auktionshaus angelegt. Mit Passwort, Nutzername, Kontonummer und so weiter. Beim Nutzernamen hat mir der Rat sehr geholfen, einen Namen zu wählen, der nicht sofort erkannt werden kann. Also nichts, was mit meinem wirklichen Namen zu tun hat.

Mein zweiter guter Rat: Wenn man etwas kaufen möchte, den Auktionsverlauf von ähnlichen Stücken ansehen. Für wie viel geht es dann tatsächlich weg? So haben Sie dann selbst einen Rahmen, um in einer Auktion mitzubieten. Es beginnt nämlich alles mit dem schon zitierten einen Euro. Während der Auktionszeit erhalten Sie immer Nachrichten über den Verlauf. Wenn Sie den Artikel unbedingt haben möchten, dann sollten Sie in der Schlussphase online sein und bis zu der von Ihnen festgelegten Höhe mitbieten. Sie werden sehen: Eine Versteigerung und das Mitbieten machen viel Spaß. Es ist hochspannend – aber passen Sie auf, dass Sie Ihre einmal festgelegt Obergrenze nicht reißen ... Wenn man da mal dabei ist, kann das schnell passieren.

Jetzt aber zum Verkaufen: Wenn Sie zum Beispiel Ihren Kleiderschrank »lockern« wollen, das heißt sich von vielen Teilen trennen, dann ist das Internet allemal besser als ein ganzer Tag auf einem Flohmarkt. Oder Sie spenden Ihre alten, aber gut erhaltenen Kleider an die Kleiderkammer einer Hilfsorganisation, eines Containerdorfes für Asylbewerber oder an einen Mittagstisch für Bedürftige. Aber Achtung: Geben Sie nichts dahin, wo für Afrika gesammelt wird. Diese Kleider, Schuhe, Hosen werden auf den afrikanischen Märkten nämlich dann für Geld angeboten und machen mit ihren niedrigen Preisen den Markt der einheimischen Frauen kaputt. Die können mit ihren selbst genähten Stücken auf den Nähmaschinen der Entwicklungshilfe da nicht mithalten. Solche Kleiderspenden sind kontraproduktiv.

Aber zurück zum Verkauf im Internet. Sie haben sich also entschieden, was sie loswerden wollen. Es sollte natürlich noch ordentlich sein, am besten gereinigt werden. Jetzt ist Kreativität gefragt: Sie müssen das Teil nämlich fotografieren. Digital. Und dann ins Internet stellen. Weil ein Foto immer ein gutes Verkaufsargument ist. Nehmen Sie sich für Ihr erstes Angebot Zeit. Vergleichen Sie, was ähnliche Teile im Internet kosten, was sie bringen. Es wird nicht viel sein, aber wie heißt es so schön: Kleinvieh macht auch Mist. Wenn Sie zehn Teile vertickt haben, können Sie vielleicht dafür schon wieder ein neues für die kommende Saison erstehen.

Gute Eingabetage sind (das hat mir mein Stiefsohn verraten, der auf diesem Gebiet Spezialist ist): Donnerstag und Sonntag. Die Auktionen sollten auch an solchen Tagen enden. Aber das können Sie alles selbst bestimmen. Spannend wird dann die Auktion. Wenn die vorbei ist, der Preis feststeht, kontaktiert Sie meist der Käufer.

Dann müssen Sie innerhalb von drei Tagen das Teil versenden.

Die ganze Welt rund um die Auktionen im Internet ist spannend, lustig, bereichernd. Denn man kann sich auch mit E-Mails mit den Käufern austauschen, bekommt als Verkäufer nette Post und Sternchen als Bewertungen. Also eine weitere neue Kommunikationsebene im dritten Leben!

KAPITEL 12

Auch Ihre Zukunft wird sich im Internet abspielen

Sie sagen jetzt vielleicht: Quatsch – meine Zukunft ist meine Freiheit, sind meine Hobbys und all die schönen Dinge, die ich bisher in meinem Arbeitsleben so vermisst habe. Eben nicht mehr am PC sitzen, auf den Bildschirm gucken und einen steifen Hals bekommen. Aber: Wenn Sie bisher schon mit dem Internet gearbeitet haben, kann ich Sie nur dazu ermutigen, das Internet in Ihr drittes Leben mit einzugliedern. Warum? Weil immer mehr Freunde und vor allem die Kinder und Enkelkinder über das Internet miteinander kommunizieren. Wenn Sie auch daran teilhaben möchten, brauchen Sie einen Internetzugang. Also: packen Sie's an. Es muss ja nicht immer gleich ein eigener Computer sein – Internetzugänge gibt es inzwischen fast überall: in Bibliotheken, Internetcafés, an den Universitäten.

Hatten Sie bisher nur eine berufliche E-Mail-Adresse? Dann sollten Sie sich in den letzten Monaten, besser im letzten Jahr, ein eigenes E-Mail-Konto zulegen. Das geht ganz einfach und kostet nichts – vorausgesetzt natürlich,

Ihr Arbeitgeber erlaubt Ihnen privates Surfen im Netz. Wenn nicht: Sie haben sicher eine Freundin, einen Freund mit einem Internetanschluss und einer E-Mail-Adresse. Die helfen gerne. Diese neue E-Mail-Adresse hängen Sie nach Rücksprache mit Ihrem Vorgesetzten dann an Ihre beruflichen Mails. Mit dem Vermerk: »Achtung! Ab dem (Termin Ihres Ausscheidens aus dem Unternehmen) habe ich eine neue E-Mail-Adresse ...«

Vielleicht haben Sie ja auch ein privates Handy. Auch diese Telefonnummer können Sie, wenn Sie wollen, anhängen. Sie wollen doch weiter erreichbar sein, oder? Sie können natürlich auch allen Menschen, mit denen Sie danach weiter in Kontakt bleiben wollen, einen netten Brief mit all Ihren neuen Kontaktdaten zusenden ... dann geht ganz bestimmt nichts im WWW, im World Wide Web, verloren. Das kommt nämlich immer mal wieder vor.

Machen Sie sich auch schon rechtzeitig Gedanken, wer zu Hause mehr und am meisten den Familien-PC nutzt. Sie – oder Ihr Mann? Wollen Sie als Ehefrau hier Konflikte vermeiden, empfehle ich einen eigenen Laptop. Die sind heute nicht mehr wahnsinnig teuer, leicht und handlich. Das können Sie zu Hause überall aufklappen. Notfalls auch in der Küche.

Vielleicht brauchen Sie auch Hilfe, um alles für Ihr drittes Leben einzurichten? Fragen Sie Ihre Kinder oder die Kinder von Freunden. Da findet sich auf jeden Fall jemand, der Ihnen für die ersten Installierungen und Aktionen zur Seite steht. Wenn Sie alleine leben, dann gehen Sie in einen Internetshop und fragen, ob es jemanden gibt, der Ihnen gegen kleines Geld einiges einrichtet.

Es wäre gut, wenn Sie all das vor Ihrem Ausstieg und Umstieg in das neue Leben organisieren könnten.

Für uns im dritten Leben ist sicherlich die Möglichkeit, per E-Mail zu kommunizieren, die Wichtigste. Legen Sie sich schon bald Ihre Kontakte an, die Adressen all der Menschen, die Ihnen nahe sind und die vielleicht später noch nahe bleiben. Die Kontakte werden schnell anwachsen, vor allem, wenn Sie dann auch Mails erhalten und so automatisch die neue Adresse speichern. Es gibt aber noch ganz andere faszinierende Kommunikationsmöglichkeiten im Netz. Sie können skypen. Das kostet nichts und Sie sehen Ihren Gesprächspartner auf dem Bildschirm. Einfach im Internet unter www.skype.com anmelden, die Anleitungen dort helfen Ihnen weiter und schon sehen Sie sich wie im Film, aber in Echtzeit. Das ist super, macht Spaß und ist unfasslicherweise umsonst!

An dieser Stelle darum ein paar persönliche Worte zu den sozialen Netzwerken im Internet. Da sind ja jetzt alle drin. Sagen sie. Man kommt ohne solch eine Plattform fast gar nicht mehr aus. Meine Söhne, meine Enkeltochter, alle sind sie dort versammelt. Also habe ich mich auch angemeldet, was ganz leicht geht. Habe vertrauensvoll meine persönlichen Kontakte durchforsten lassen, um auszuwählen, wer denn eine Freundschaftseinladung von mir bekommen sollte. Das ging alles ziemlich schnell und ich erhielt immer wieder Freundschaftsanfragen von Menschen, die auch dort angemeldet waren. Mein Mann hatte sich auch angemeldet, doch er hat schnell wieder abgeblockt und die vielen Nachrichten, die ihn erreichten, einfach nicht mehr geöffnet, geschweige denn beantwortet. Ich habe mit Freunden Neuigkeiten über die interne E-Mail-Funktion ausgetauscht, auf den Rat einer Freundin auch ein paar Fotos hochgeladen, um mein Profil zu ergänzen. Weil da so viel mehr möglich ist als bei einer normalen E-Mail: Man kann ganze Alben anlegen, vom letzten Urlaub, der Geburtstagsfeier, einem Herbstspaziergang. Und auch die Bildergalerien der Freunde und Kinder kann man sich angucken …

Das ist alles wunderbar. Aber, ein großes Aber: Es hat wohl drei Wochen lang eine Datenlücke auf dieser Plattform gegeben. Privates, was privat bleiben sollte und was einem ja auch fest versprochen wird, war wohl auch für andere zugänglich. Jedenfalls haben mich zwei vertrauensvolle Freundinnen angerufen und ganz erstaunt erzählt, mit wem ich so alles E-Mail-Kontakt hätte. Sie hätten meine E-Mails an andere lesen können. Ich war höchst empört, bin meine ganzen Einstellungen nochmals durchgegangen. Nein, da hatte ich keine Fehler gemacht. Ich hatte die höchste Privatstufe überall angeklickt. Also? Nichts wie raus da. Das ist dann aber plötzlich gar nicht so leicht.

Zweimal machte ich Versuche, mich rauszukicken, im wahrsten Sinn des Wortes. Beim zweiten Mal immerhin poppte die Information auf, dass ich noch drei Wochen warten müsse, jeden Tag nachgefragt würde, ob ich wirklich aussteigen will, und dann – ja, dann: bin ich endlich draußen.

Diese sozialen Netzwerke sind darum für mich keine Alternative im dritten Leben. Ich habe mich auf den Rat eines Freundes hin für eine eigene Website entschieden. Das kann man nicht alleine hinkriegen. Aber auch da: Die jungen Menschen leben mit dem Internet, sind da total vertraut. Suchen Sie jemanden im Freundeskreis, der Sie berät.

Eine moderne und etwas unkomplizierte Methode der Kommunikation im Internet ist das Bloggen. Einen Blog einzurichten ist ganz einfach. Allerdings sollten Sie sich von Ihren Enkeln oder den Freunden Ihrer Enkel dabei helfen lassen. Sie können dann zu jedem Thema, das Sie aufregt, freut oder ärgert, einen Kommentar schreiben. Dazu kommen dann andere, die Ihnen antworten, und schnell ist man mittendrin in einer Diskussion mit vorher noch fremden Menschen.

Das Internet ist inzwischen ohnehin eine unfassbare Quelle an Informationen. Wenn Sie einmal begonnen haben zu recherchieren, verspreche ich Ihnen: Sie werden nicht mehr ohne dieses Wunderwerk an Informationen auskommen wollen. Auch ganz Alltägliches findet sich darin – Sie wollen am Sonntag Ihre Kinder besuchen? Wie wird das Wetter in Hilden? In Berlin? In München? – Schauen Sie nach. Es fällt Ihnen gerade ein englisches Wort nicht ein, Sie möchten wissen, welche Kinos was heute Abend in Ihrer Umgebung spielen? Antwort gibt das Internet. Schon für all die Informationen sollten Sie privat im Netz sein.

Wenn Sie jetzt allgemein zum Thema »Internet und PC oder Laptop« sagen: Ich will mich nicht zum Sklaven der Technik machen, ständig reingucken und abhängig sein, kann ich das gut verstehen. Dagegen hilft dann einfach ein wenig Disziplin. Planen Sie eine feste Zeit am Tage für das Internet ein. Keiner wird erwarten, von Ihnen sofort eine Antwort zu erhalten. Aber innerhalb von 24 Stunden schon. Es ist eben eine schnelle Kommunikationsmöglichkeit. Mit klaren Regeln. Eine davon: Antworten Sie bald-möglichst. Wenn es nicht anders geht, auch nur mit einer kurzen Zwischennachricht. Ich gehe morgens und abends an den Computer, um die Post zu beantworten, zu schrei-ben und ein wenig zu surfen. Wenn nichts Besonderes ansteht, dann ist um 20 Uhr Schluss. »Tagesschau« – das war und ist bis heute sogar bei jungen Menschen in Deutschland die Zäsur und der Beginn des Feierabends.

Außerdem will ich immer wissen, was aktuell in der Welt los ist. Wir sollten gerade im dritten Leben in-formiert bleiben. Mitreden können. Das wird ohne das Internet nicht gehen. Entdecken Sie also mutig diese neue Welt, vielleicht sogar mit einem Lehrer oder in einem Kurs in der Volkshochschule. Nehmen Sie dazu Ihr Handy mit. Dann lernen Sie auch SMS zu schreiben – und kön-nen so Ihrem Partner auch mal schnell unkonventionell etwas Nettes sagen. Das heißt ja noch lange nicht, dass man sich keine kleinen Zettelchen mehr schreiben soll. Aber als Ergänzung dazu, als Bestandteil unseres neuen Lebens – da ist das Internet mit seinen unglaublichen Möglichkeiten nicht mehr wegzudenken.

KAPITEL 13

Warum Frauen älter werden
als Männer

Das ist bekannt: In Deutschland werden Frauen derzeit durchschnittlich 81 Jahre alt, die Männer hingegen nur knapp 75. In den meisten Industrienationen mit einem entwickelten Gesundheitswesen ist das ähnlich. Was sind die Gründe? Ist das männliche Leben gesundheitsgefährdeter als das der Frauen? In der Dritten Welt, wo insbesondere die medizinische Versorgung von Mädchen und Frauen schlecht ist, sterben Männer und Frauen etwa gleich jung.

Schauen wir in den Osten: Der dramatischste Unterschied ist seit rund 15 Jahren in Russland und Weißrussland zu registrieren. Dort werden Frauen im Durchschnitt nur 68 bis 69 Jahre alt, während die Männer schon zehn Jahre früher sterben und damit beispielsweise noch vor ihren Geschlechtsgenossen in Indien. Neugierig machen sollte uns Japan, wo die Menschen nicht nur generell sehr alt werden und prozentual die meiste Zeit behinderungsfrei genießen, sondern die Männer fast ebenso lange leben wie die Frauen.

Aber zurück nach Deutschland. Hierzulande sind den Frauen sechs Prozent mehr Lebenszeit geschenkt. Ein Wunder der Natur? Oder haben wir uns das durch gesünderes Leben verdient? Beides. Das Leben eines Mannes ist einfach riskanter. Das beginnt schon bei seiner Geburt. Gleichzeitig mit 100 weiblichen Embryos werden 120 bis 130 männliche gezeugt; gleichzeitig mit 100 Mädchen erblicken 105 Knaben das Licht der Welt. Aber – ihre Überlebenszeit ist deutlich geringer. Später im Alter, bei den über 65-Jährigen, machen dann die Frauen 60,5 Prozent der Bevölkerung aus. Die Männer sind weggestorben.

Interessant ist, dass sich die Wissenschaft absolut nicht darüber im Klaren ist, warum das so ist. Welche biologischen Auslöser sind die Ursache? Was resultiert aus dem unterschiedlichen Rollenverhalten? Fest steht, dass Männer in ihrem Alltag häufiger Unfälle erleiden. Dass sie in ihrem Beruf mehr Gefahren ausgesetzt sind und dass sie auch in jedem Lebensabschnitt häufiger den Ausweg des Suizids suchen. Das potenziert sich durch die ungesündere, sorglosere Lebensweise des Durchschnittsmannes: Er trinkt mehr Alkohol, isst fetter, raucht häufiger, geht seltener zum Arzt, nutzt deutlich weniger die Angebote zur Vorsorgeuntersuchung. Das sind Fakten.

Die Pluspunkte auf der Seite des weiblichen Geschlechtes erklären aber nicht unbedingt, warum Frauen länger leben. Zweifellos ist eine Entbindung eine der gefährlichsten Situationen im Leben einer Frau. Allerdings ist nicht zu sagen, inwieweit Mutterschaft oder Menstruation im Gegenzug gesundheitsförderlich oder eher lebensbedrohlich sind. Auch hier sind sich die Wissenschaftler weder

132

einig noch sicher. Tatsache ist, dass jetzt mehr denn je die Gründe für die unterschiedliche Lebenserwartung von Frauen und Männern beleuchtet werden.

Eine spannende Studie hat kürzlich gezeigt, dass es die Lebensweise des Durchschnittsmannes ist, die ihn seine Lebensjahre kostet. Die sogenannte Klosterstudie beschäftigte sich mit Mönchen und Nonnen. Also mit solchen Menschen, die unabhängig von ihrem Geschlecht in Bezug auf Alkohol, Rauchen, Stress, Ernährung und soziale Strukturen unter ähnlichen Umständen leben. Ergebnis: Sie alle erreichen gemeinsam fast das gleiche Alter. Was ein zusätzlicher Beweis wäre, dass es das Lebensverhalten der Männer ist, das zu ihrem früheren Tod führt.

Eine gute Nachricht in puncto langes Leben ist, dass die Lebenserwartung in unserer Generation bei beiden Geschlechtern ansteigt. Ein Mädchen, das heute in Deutschland geboren wird, hat gute Chancen, 100 Jahre alt zu werden, ein Junge 95. Es gibt viele Hypothesen, ob das nun ein beständiger Trend ist. Manche Experten meinen, dass die Lebenserwartung mit jedem Jahr, das ein Kind später geboren wird, um zwei Monate steigen könnte.

Professor Elmar Brähler von der Selbstständigen Abteilung für medizinische Psychologie und medizinische Soziologie der Universität Leipzig ist in seiner Einschätzung eher vorsichtig. Denn seiner Meinung nach gibt es auch ganz andere, eindeutig gegenläufige Trends. Hierzulande wuchs noch nie eine Kindergeneration heran, die im Durchschnitt so übergewichtig und so träge war wie die heutige. Heute wisse noch niemand, wie es den Computerspielern und Chips-Vertilgern in 50, 60 oder 70 Jahren gehen wird. Es sei auch zu befürchten, dass Aspekte wie das Bildungsniveau sich künftig noch stärker auf Gesundheit und Lebenserwartung auswirken werden.

Jedenfalls ist heute schon klar: Was Männer und Frauen betrifft, deutet sich innerhalb der derzeit allgemeinen Erhöhung der Lebenserwartung eine Annäherung der Geschlechter an. Die heute 70-jährigen Männer sind ebenso fit wie ihre Frauen. Der Anteil der Pflegebedürftigen ist inzwischen etwa gleich. Möglicherweise fruchten die Bemühungen, auch die Männer zu gesundheitsbewusstem Leben anzuregen. Aber gleichzeitig müssen wir feststellen, warnt Brähler, dass sich die Frauen auch in einigen Dingen an den Männern ein Beispiel nehmen. Sie rauchen mehr und haben ebenso Stress, wenn Sie in den Führungsebenen der Unternehmen die Verhaltensweisen der Männer übernehmen.

Was lernen wir daraus? Gerade im dritten Leben ein wenig mehr Ruhe und Gelassenheit einkehren lassen. Wenn Frauen und Männer gleich alt werden wollen, sollten sich Frauen vor den männlichen Verhaltensweisen hüten und Männer zurückschrauben und auf ihre Frauen hören, was ein gesünderes Leben betrifft. Damit nicht einer alleine übrig bleibt. Wenn es der Mann ist, dann auch noch mit einer deutlich niedrigeren Witwerrente. Warum das so ist und wie sich die berechnet, lesen Sie im folgenden Kapitel.

Wichtig zu wissen: Wie berechnet sich Ihre Witwenrente?

»Die Hinterbliebenen-Leistung steht Männern und Frauen gleichermaßen zu«, betont Gabriel Chlopczik von der Deutschen Rentenversicherung. Generell werden als »Rente wegen Todes« 60 Prozent des Betrages gezahlt, den der Verstorbene als Rente hätte beziehen können. Für Ehen, die ab 2002 geschlossen wurden, gilt vielfach ein Satz von nur 55 Prozent. Dabei sind die Renten der Frauen dabei mit durchschnittlich 553 Euro weit höher als die der Männer (216 Euro). Klingt erst mal seltsam, ist aber logisch, denn diese Rente berechnet sich prozentual von der Grundrente – und da bekommen Frauen deutlich weniger als Männer. Wenn also die Männer ihre Frauen überleben sollten, sind sie finanziell ebenfalls schlechter dran.

Die Einkünfte von Witwen und Witwern werden auf die gesetzlichen Hinterbliebenenrenten angerechnet, wenn diese bestimmte Freibeträge übersteigen. Derzeit liegt der Grundfreibetrag in Deutschland-West bei monatlich 689,83 Euro (Ost: 606,41 Euro). Wenn das Einkommen der Witwe oder des Witwers den Freibetrag überschreitet, wird die Hinterbliebenenrente zwar nicht gestrichen. Vielmehr werden von dem Teil der Einkünfte, der den Freibetrag übersteigt, 40 Prozent auf die Hinterbliebenenrente angerechnet.

Beispiel: Ein verwitweter Düsseldorfer Rentner bezieht 1050 Euro Altersrente (nach Abzug der Beiträge zur Kranken- und Pflegeversicherung). Das sind 360,17 Euro mehr als der Freibetrag. 40 Prozent hiervon sind 144 Euro. Dieser Betrag wird von der ihm zusätzlich zu seiner eigenen Rente zustehenden Witwerrente abgezogen. Unterstellt man, dass Letztere »eigentlich« 644 Euro betragen würde, kämen tatsächlich nur 500 Euro als Witwerrente zur Auszahlung. Die Renteneinkünfte des Betroffenen lägen insgesamt also bei 1550 Euro.

Keine Einkommensanrechnung gibt es im sogenannten Renten-Sterbevierteljahr: Wenn grundsätzlich ein Anspruch auf eine Hinterbliebenenrente besteht, wird das Altersruhegeld eines verstorbenen Rentenbeziehers in den drei Monaten, die dem Sterbemonat folgen, in voller Höhe weitergezahlt.

Besonders für Frauen: Ein ehrliches Wort zum Thema Geld

Geld ist Männersache – das stimmt schon lange nicht mehr. Die Universität Bielefeld zeigte in einer Studie, dass in 60 Prozent der Familien die Frauen für die Einkaufs-, Haushalts- und Finanzplanung zuständig sind. Was nun, wenn Papa zu Hause ist und da eingreifen möchte? Da helfen nur gute Argumente und ein starkes Kreuz. Zum Beispiel, dass es die Finanzkrise, in deren Folge die Großbank Lehman Brothers 2008 zusammenbrach, vielleicht nie in dieser Form gegeben hätte, wenn Frauen das Sagen gehabt hätten und eben nicht ausschließlich gierige männliche Finanzmakler. Kann man inzwischen überall nachlesen. Auch dass Frauen viel mehr zu konservativen Anlageformen neigen als Männer. Sie begeistern sich eben nicht nur für die Börse, sondern vor allem für Festgeldanlagen und Bausparverträge.

Gerade im dritten Leben ist es klug, auf das Geld zu gucken. Vorschlag an die Männer: Überlassen Sie es Ihrer Frau! Ihr Geld sollte, wenn es beim Eintritt in das dritte Leben in größeren Mengen vorhanden ist, vor allem der Vermögensbildung und der Alterssicherung dienen. Die Renten sind sicher (siehe auch ab Seite 140), aber in welcher Höhe? Diese Frage stellen wir uns doch alle, nachdem wir von den Milliarden-Rettungsschirmen und Billiarden-Bürgschaften zum Erhalt unseres Euro lesen. Vor allem Frauen sollten klug rechnen. Denn ihre Renten und Versorgungsauszahlungen sind schon seit Jahrzehnten deutlich niedriger als die der Männer. In den westlichen Bundesländern sind die Renten der Frauen übrigens niedriger als in den östlichen Ländern. – Dort haben Frauen schließlich auch eine durchgängige Arbeitskarriere hinter sich. Nicht unterbrochen von Kindererziehungszeiten und Halbtagstätigkeiten, damit die Familie zu Hause weiter reibungslos funktioniert. So sind gerade Frauen vor dem dritten Leben gut beraten, gezielt zu planen. Ich bringe hier noch mal das leidige Thema eines Haushaltsbuches auf. Ehrlich – ich habe es nie wirklich hinbekommen. Zarte Versuche und Anfänge, ein paar Tage, vielleicht mal zwei Monate – länger habe ich es nie durchgehalten. Aber selbst diese Wochen haben mir gezeigt, wohin das Geld so täglich fließt, wie es im wahrsten Sinn des Wortes »verschwindet« und versickert. Aber wenn wir vor dem Sprung ins dritte Leben verborgene Löcher im Finanzetat finden wollen, wenn wir aus dem gesparten Geld für diese Zeit mehr machen möchten, dann kommen wir an einer schriftlichen Aufstellung nicht vorbei. Quasi ein Leitfaden, der Sie gut durch die nächsten Jahre führt.

Denn das ist schon nötig. Hand aufs Herz: Wissen Sie, wo Ihr Geld bleibt? Als Erstes kommt der Kassensturz: Guthaben, Schulden. Alles notieren. Dann der Haushaltsplan, das ist mühsam, ich weiß, aber notwendig. Nehmen Sie sich an mir bloß kein Beispiel. (Schon beim Schreiben dieser Zeilen gelobe ich Besserung und mache mich an die Arbeit.)

Am besten, das raten alle Fachleute, zwei Monate als Zeitraum für die Ausgabenübersicht einplanen. Da sind dann auch gelegentliche Ausgaben mit drin. Wenn Sie dann noch die Kontoauszüge rückwirkend auf ein Jahr heranziehen, dann dürfte Ihre Übersicht ziemlich präzise sein. Dabei einmal im Jahr fällige Zahlungen nicht vergessen und die durch zwölf geteilt den Monatsausgaben zurechnen.

Dann decken Sie mal auf, wo Sie zu viel Geld für zu wenig Leistung ausgeben. Sie können auch noch im letzten Arbeitsjahr die Kapitallebensversicherung als Direktversicherung abschließen und sich die Beiträge direkt von Ihrem Arbeitgeber überweisen lassen. Denn Gehaltsabzug spart Steuern. Oder: Tauschen Sie Ihre schlechte gegen eine gute Versicherung, dafür gibt es Fachblätter oder die Verbraucherzentralen, die Ihnen gerne helfen. Vergleichen Sie bei einer Anschaffung konsequent die Preise. Ist Ihre Bank günstig oder teuer? Können Sie bei der Energie sparen? Steigen Sie um auf Satellit und kündigen Sie das Kabelfernsehen. Wo bekommen Sie ein günstiges Urlaubsangebot? Welche Mitgliedschaften sind unnötig? Nehmen Sie sich Zeit, in aller Ruhe mal Ihre Versicherungen zu vergleichen – wo gibt es was günstiger? Sie werden sich wundern: Es gibt auch im dritten Leben noch interessante Möglichkeiten, Vermögen oder eine kleine monatliche Zusatzleistung aufzubauen. Regelmäßig angelegt bewirkt es zweierlei: Einmal stärkt es Ihr Vertrauen in Ihre finanztechnischen Fähigkeiten – und dann sind ein paar Hundert Euro mehr später nicht zu verachten und sehr oft dringend nötig. Vor allem bei denjenigen Frauen, deren Rente und Altersversorgung weit unter der der Männer liegt. Und das gilt für die meisten!

Es heißt in Deutschland nicht ohne Grund »die« Teilzeit und »der« Vollverdiener. Denn in Deutschland ist die Teilzeit weiblich besetzt. Von acht Millionen tüchtigen Frauen. Die auf diese Art und Weise Haushalt, Kinder, Mann und Beruf unter einen Hut zu bringen versuchen. Die permanent im Hamsterrad hecheln, weil es immer noch zu wenige Ganztagskindergärten, zu wenige Ganztagsschulen für die lieben Kleinen gibt. Und weil in Deutschland ein Wort besonders oft gebraucht wird: Rabenmutter. Das ist eben die, die arbeitet. Damit das niemand so sagt, arbeiten so viele Millionen Frauen halbtags. Was in der logischen Folge auch heißt: weniger Rente, weniger Versorgung, weniger Sicherheit. Und daraus folgt in vielen Fällen: Altersarmut.

Der Gedanke wird erlaubt sein, ob nicht vielleicht die Erfolgsgeschichte der deutschen Wirtschaft hier begründet liegt? Denn die Teilzeit-Frauen arbeiten in Wahrheit Vollzeit. Für die Gesellschaft, für die Familie. Was aber nicht entsprechend honoriert wird. Darum müssen Frauen den Daumen auf dem Geld haben, auf dem Haushaltsgeld und ihrer eigenen Altersvorsorge. Wenn sie schon, ganztags arbeitend, nur mit dem halben Gehalt am Schluss die Renten-Zeche zahlen.

KAPITEL 14

Und die Renten sind doch sicher!

Wenn wir schon beim Thema Geld und Rente sind, möchte ich Ihnen auch noch ein paar Fakten nennen, warum so manche Horror-Überschriften in einschlägigen Publikationen einfach falsch sind. Fakten zum Nachdenken und Nachrechnen. Also: Gesetzt den Fall, dass unsere Wirtschaft wirklich nur schwach weiterwächst, dass gleichzeitig die Geburten in Deutschland abnehmen, die Zahl der über 60-Jährigen zunimmt – was bleibt dann jedem einzelnen Bürger? Mehr? Oder, plakativ formuliert, ein größeres Stück vom Kuchen? Denn der wird ja schließlich größer, wenn auch nur ein klein wenig. Ja, aber nur, wenn das Kuchenstück nicht von jemand anderem vorher geklaut oder der Kuchen anders verteilt wird.

Der Statistiker und Wirtschafts- und Sozialforscher Gerd Bosbach von der Fachhochschule in Remagen will verhindern, dass uns mit Statistiken Angst gemacht wird. Der ehemalige Wissenschaftler des Statistischen Bundesamtes hält die Mär von den unbezahlbaren Renten für erstunken und erlogen. Schon 1959 hätten deutsche Statistiker die bange Frage gestellt, wer wohl morgen die Ren-

ten bezahlen würde. Wir wissen heute: Die Produktivitäts-
steigerungen in der Wirtschaft erlaubten es, die Rentner
damals und uns alle heute materiell gut auszustatten. Die
Folge war ein ungeahnter Wohlstand für fast alle – bei
sinkenden Arbeitszeiten der Arbeitnehmer. Wenn wir uns
dies vor Augen führen, dann können wir versuchen, uns
auch der Zukunft rechnerisch zu nähern.

Gerd Bosbach sieht das so: Selbst wenn die Produk-
tivitätssteigerung je Arbeitnehmer jährlich nur ein Prozent betragen würde, könnte jeder Beschäftigte im Jahre
2060 30 Prozent Rentenbeitrag zahlen und gleichzeitig
noch sein verbleibendes Einkommen um über 40 Prozent
steigern, nach Abzug der Preissteigerung. Vorausgesetzt
sei allerdings, dass die erhöhte Produktivität auch ausgezahlt wird und die Verteilung zwischen Arbeitnehmer
und Arbeitgeber sich nicht zugunsten der Arbeitgeber ver-
schiebt. Seine logische Folgerung: Bei der Finanzierung
der Renten ist darum das Hauptproblem nicht die demografische Entwicklung, sondern die Umverteilung zugunsten der Unternehmer.

Der Wissenschaftler hat so recht. Wenn wir uns in
Erinnerung rufen, dass die wirtschaftliche Leistung in
Deutschland – so das Statistische Bundesamt – seit der
Wiedervereinigung um knapp 30 Prozent gestiegen ist,
wir aber in den vergangenen 20 Jahren um vier Prozent weniger gearbeitet haben, dann sieht es für unsere
Rentenzukunft doch nicht so schlecht aus. Keiner muss
Angst haben. Denn gerade die letzten Jahrzehnte waren
ja kein Honigschlecken: Arbeitslosigkeit, Finanzkrise mit
einem Minus von fünf Prozent beim Bruttoinlandspro-
dukt im Jahr 2009 und die Dramen auf den Finanzmärk-

ten. Die Frage ist da nur: Wo sind die 30 Prozent Steigerung tatsächlich geblieben? So kann man schon zu Recht folgern, dass die Panikmache weniger mit Demografie und Zahlenreihen zu tun hat als mit Umverteilung. Wohin gehen die Gewinne, die von allen erwirtschaftet werden?

Sicher: Steigende Arbeitslosenzahlen, niedrige Löhne, das alles wird Löcher in die sozialen Systeme reißen. Die Umweltschäden und der Zustand der Finanzmärkte werden zudem Einfluss auf unsere Zukunft haben. Nicht aber: eine Angst machende Zukunftsprognose. Sagt der Statistiker Bosbach und belegt es mit klugen und nachvollziehbaren Argumenten. Wir sollten uns seine Fakten gut durch den Kopf gehen lassen, wenn wir wieder Panikmeldungen lesen, hören und im Fernsehen präsentiert bekommen. Also: Die Renten sind sicher. Wenn unsere Demokratie weiter so gut funktioniert.

KAPITEL 15

Die Role Models der Best Ager: Schön, klug und engagiert im dritten Leben

Wir alle kennen, schätzen und lieben sie. Sie sind 70 Jahre alt, mindestens. Und unverändert aktiv in ihrem Metier: im Showbusiness genauso wie im sozialen Bereich. An der Universität wie vor der Kamera. Als Arzt oder Forscherin, als Autorin oder Mönch. Sie sind Vorbilder, Role Models und Leuchttürme, weil sie uns zeigen, dass es nicht vom Alter abhängt, ein erfülltes, sinnvolles Leben zu führen. Vor den Augen der Öffentlichkeit oder im kleineren Radius, aber immer sichtbar und überprüfbar. Denn Schubladen und Schablonen waren gestern. Heute ist alles möglich, wir müssen es nur machen.

Zum Beispiel Tina Turner. Wer sie sieht, glaubt es kaum: Tina Turner soll 70 sein? So sieht sie nicht aus, so singt sie nicht, so tanzt sie nicht. Nein, sie trägt High Heels und Minirock, dazu schwarze Leggings und röhrt mit ihrer unverwechselbaren Stimme in die vollen Konzertsäle: »We don't need another hero.« Die amerikanische Rocklegende gehört alles andere als zum alten Eisen. Genauso wenig wie Udo Lindenberg oder Peter Maffay. Sie alle stehen mit voller Power auf der Bühne, sie füllen die Säle und machen allen über 60 Mut: Es geht noch, gebt nicht auf, weiter so. Nur nicht nachlassen … denn dann erst wird man alt. So singen sie und tanzen sie, komponieren und texten. Immer nah an der Zeit und nicht im Gestern. Millionen von Fans bejubeln sie. Kaufen ihre CDs und laden sich ihre Musik im Internet herunter.

Oder: Der 91-jährige emeritierte Pädagogikprofessor Joachim Münch. Er sitzt noch täglich an seinem Schreibtisch in der Universität Kaiserslautern, um seine Texte zu verfassen und Kontakt mit seinen Kollegen zu halten. Für ihn ist das eine besondere Form des Glücks, wie er sagt. Denn auch er ist längst der Ansicht, dass die klassische Formel vom wohlverdienten Ruhestand ausgedient habe.

Die Beschränkung auf eine reine »Sesselexistenz« hält er für gefährlich. Denn: »Damit bleiben die meisten Menschen unter ihren Möglichkeiten.« Die neu gewonnene Freiheit darf nach seiner Ansicht nicht zur Leere werden. Der Professor will darum allen älteren Menschen Mut machen, sich systematisch neue Ziele zu setzen. Unabhängig von der jeweiligen Lebenssituation gebe es eine einfache Faustregel, die dabei helfe, auch im Alter ein glückliches Leben führen zu können. Zum Beispiel müsse man sich seine Neugierde bewahren und nie aufhören zu lernen, rät der Pädagoge. Soziale Kontakte seien lebensnotwendig. Glücklich könne auch nur der sein, der aktiv ist, etwas leistet und von anderen gebraucht wird. Idealerweise, so Joachim Münch, ergebe sich dabei ein schönes

Wechselspiel: Aktivitäten könnten Glück auslösen und frohe Stimmung wiederum zu mehr Tätigkeit motivieren. Seine Rezepte (für Männer): den Umgang mit dem Computer, das Schachspielen oder das Kochen lernen. Allen, Frauen wie Männern empfiehlt der Wissenschaftler den Besuch der Volkshochschule, ein Seniorenstudium an der Universität oder sich als Gasthörer richtig an der Universität einzuschreiben.

Auf den nächsten Seiten lesen Sie, dass es noch eine ganze Reihe solcher beispielhafter Menschen im besten Alter gibt, die uns allen Mut machen!

Marianne Koch – Aktiv mit 80

Sie schiebt es auf ihre Gene: »Die Mutter wurde 93 Jahre alt und sah bis zum Schluss ganz wunderbar aus.« Aber das alleine kann es nicht sein, wenn man die inzwischen über 80-jährige Marianne Koch erlebt. Agil, präzise formulierend, gepflegt und elegant – was ist ihr Geheimnis? Ich denke, Marianne Koch ist das klassische Beispiel eines Menschen, der ein Leben lang neugierig und wissensdurstig geblieben ist. Eine Frau, die mit 40 Jahren ein Metier ganz bewusst verlassen hat, das für andere der ausschließliche Lebensinhalt ist. Sie sagte bereits 1970 der Filmschauspielerei Adieu und marschierte wieder mit Kollegblock und Aktentasche an die Universität. Zum Medizinstudium. Das hatte sie, die schon in der Schule eine »Überfliegerin« war, mit 18 Jahren nach dem erfolgreich absolvierten Physikum unterbrochen, als sie die Münchner Filmproduktionsgesellschaft Bavaria castete und ihr die erste Rolle gab. Der Aufstieg im Nachkriegsdeutschland war rasant. Sogar Hollywood rief nach ihr und die junge Deutsche flog neben Ella Fitzgerald nach Los Angeles. Drehte neben Gregory Peck und Clint Eastwood, neben Curd Jürgens und O. W. Fischer. Mit 24 Jahren erhielt Marianne Koch den Bundesfilmpreis für ihre Rolle in »Des Teufels General«.

Aber private Schicksalsschläge und eine wenig schöne Scheidung ließen die in ganz Deutschland berühmte Schauspielerin innehalten. Die Medizin hat sie nie ganz losgelassen. Jetzt wollte sie weitermachen, zu Ende studieren. Sich aus der Glamourwelt verabschieden. Die 40-Jährige sitzt im Hörsaal unter lauter jungen Studenten: »Neuanfänge tun so gut, nicht nur gesundheitlich«, sagt sie heute. Man brauche nur ein wenig Mut und Risikobereitschaft, dann würde schon alles werden. Und die Medizinerin erklärt: »Das Gehirn reagiert toll auf Neues, es bildet Synapsen.« Das sind Kontaktstellen zwischen den Nerven. Quasi Brücken in ein neues Leben.

Man stelle sich nur vor: Mit 55 Jahren, wenn andere über Ruhestand nachdenken, eröffnet Marianne Koch mit anderen Kollegen zusammen in München eine Gemeinschaftspraxis. Sie absolviert den Facharzt für Innere Medizin, praktiziert dann noch weitere 13 Jahre. Erst mit 68 zieht sie sich aus der täglichen Arbeit zurück und beschließt, fortan über Medizin zu schreiben. Das tut sie seitdem mit großem Erfolg. Dass Marianne Koch auch noch so nebenbei jahrelang die erfolgreiche Bremer Talkshow »3 nach 9« moderierte, im Radioprogramm des Bayerischen Rundfunks eine viel gehörte Gesundheitsreihe hat, das sei nur nebenbei erwähnt. Bis heute hält sie es mit »Neuanfängen«. Die, so erklärt sie überzeugt,

jedes Mal ihre Gehirnzellen auffrischen. Wer ihr gegen-
übersitzt, kann nur bestätigen: Gelungen!

Annemarie Dose – Die Tafel ist ihr Leben

Ihr neues Leben beginnt mit dem Tod. Nach 40 glücklichen Ehejahren geht Herbert Dose und lässt seine ver-
zweifelte Frau Annemarie zurück. Da ist sie 66 Jahre
alt und weiß nicht weiter. Damit es nicht zu leise ist
zu Hause, laufen 24 Stunden am Tag der Fernsehapparat
und das Radio. Zufällig – aber Annemarie Dose glaubt
an keine Zufälle, sondern sagt lieber »Gott« dazu – hört
sie im SFB eine Sendung über die Berliner Tafel. Tafel?
Was ist das? Sie reist schon am nächsten Tag nach Berlin.
Es hat sie gepackt. Zwei Tage später startet Annemarie
Dose an der Elbe mit der Hamburger Tafel: »Der eine hat
Geld, der andere Zeit, der dritte Ware – und wir verknud-
deln das einfach«, so beschreibt sie, was sie da seit nun
über 14 Jahren so erfolgreich macht.

Die Idee kommt ursprünglich aus den Vereinigten Staaten. In New York starteten Sozialarbeiter damit, in Bäcke-
reien, in Supermärkten und bei Firmen übrig gebliebene
Lebensmittel zu erbitten, bevor diese auf dem Abfall lan-
deten. Anschließend verteilten sie diese an Obdachlose
und Drogensüchtige, an Arbeitslose, an Alte und kinder-
reiche Familien.

Ein Konzept, das Annemarie Dose überzeugte. In Hamburg beginnt die damals 66-Jährige erst mit drei, dann
zehn, bald 100 Freiwilligen das Gleiche. Am Anfang verteilt sie noch alles mit kleinen geliehenen Lieferwägen an
karitative Einrichtungen. Inzwischen gibt es eigene Treff-

punkte, wohin die Tafel einmal die Woche liefert: in eine Turnhalle, in ein Gemeindehaus, in den Pfarrsaal einer Kirche. Dort stehen die Bedürftigen Schlange und erhalten nach Vorlage eines Berechtigungsausweises Essen. Damit wirklich nur die Bedürftigen drankommen.

Dabei ist und bleibt der eherne Grundsatz der Tafel: Sie erwirtschaftet kein Geld und sie bezahlt nichts. »Wenn man etwas macht, das nicht gewinnorientiert ist, dann finden Sie immer offene Hände, offene Ohren und offene Herzen«, erklärt Annemarie Dose das Erfolgskonzept. Die laufenden Kosten können aus Spenden bezahlt werden und Annemarie Dose ist bekannt dafür, dass sie, wie sie es nennt, »auf jede Hundehochzeit geht«, wenn sie dafür ein paar Euro Spenden einsammeln kann.

Das neue Leben nach dem Tode ihres Mannes betrachtet sie als Geschenk. Alles macht für sie wieder Sinn. Mit ihrer Arbeit erreicht Annemarie Dose in Hamburg mehrere Tausend Menschen. Und es werden jede Woche mehr. Der Graben klafft immer weiter zwischen Arm und Reich auseinander. Die Stadt mit den meisten Millionären in Deutschland verzeichnet auch die prozentual meisten Kinder, die von Hartz IV leben: jedes vierte Kind unter drei Jahren. Nur in Berlin sind es mehr. Die Stadt ist aber auch bei Weitem nicht so reich wie Hamburg.

Die Helfer der Hamburger Tafel kommen aus allen gesellschaftlichen Schichten. Pensionierte Lehrer und Ärzte im Ruhestand, Frührentner, Arbeitslose und inzwischen auch Schüler, die ein Praktikum im sozialen Bereich absolvieren wollen. Sie alle lernen Stadtviertel kennen, in denen sie noch nie waren. Sie sind aber auch, das bestätigt Annemarie Dose voller Stolz, »wieder zufrieden mit

ihrem Leben, sie sehen wieder einen Sinn«. Ihr eigenes
Leben wäre deutlich grauer, gesteht sie heute ein. Und an
ein Ende ihrer Aufgabe, ans Aufhören mag sie gar nicht
denken. Für sie ist jeder Lebenstag ein Geschenk. Tut sie
doch doppelt Sinnvolles: Einmal versorgt sie mit der Hamburger Tafel Bedürftige mit Essen, das sonst auf dem Müll
landen würde. Zum anderen beschäftigt sie Menschen,
die sonst keine sinnvolle Tätigkeit mehr haben. Zwei Fliegen mit einer Klappe schlagen nennt man das: eine gute
Devise für das dritte Leben!

Schwester Lea – Eine starke Frau
aus dem Kloster

Ihr Lebensmotto: Solidarität mit Frauen in Not. Ihre Her-
kunft: nach der Banklehre Eintritt in ein Nonnenklos-
ter. Lea Ackermann heißt sie und wird auch als »Schwester Courage« oder »bekannteste Nonne Deutschlands«
bezeichnet. Ihr unverwechselbares Kennzeichen: Keiner
kann ihr einen Wunsch abschlagen. Und Wünsche hat die
heute 75-Jährige noch viele. Immer geht es um Frauen, die
unterdrückt, geschlagen, missbraucht werden. Die keine
Zukunft haben, weil sie in einer Gesellschaft ihre Körper
verkaufen, in der sie nicht zur Schule gehen durften.

Es beginnt alles 1985 in Kenia. Die katholische Schwester Lea Ackermann wird von ihrem Orden, den Missions-
schwestern der Lieben Frau von Afrika, auch »Weiße
Schwestern« genannt, nach Mombasa gesandt. Sie soll
Lehrerinnen ausbilden, ist aber schockiert von der Lebenssituation der Frauen dort – in der Hochburg des Sextouris-
mus. Gemeinsam mit ihren Schwestern und der Unter-

stützung durch Spenden und Zuschüsse aus Deutschland beginnt sie, den einheimischen Frauen eine andere Tätigkeit zu organisieren. Sie backen, kochen, nähen, und aus dem Verkauf der Produkte können sich die Frauen allmählich selbst ernähren und müssen sich nicht mehr prostituieren. Das ist die Keimzelle von Solwodi, von Solidarity with Women in Distress.

Zurück in Deutschland, entdeckt die durch dieses Thema sensibilisierte Nonne, dass es auch in ihrem Lande Hunderttausende von Frauen aus anderen Ländern gibt, die als Zwangsprostituierte für Mafia-ähnliche Männergruppen arbeiten. Schwester Lea gründet Solwodi Deutschland. Organisiert für die Frauen psychosoziale Betreuung, juristische Unterstützung, Integrationshilfe, beschafft aber auch verdeckte Wohnungen und manchmal eine neue Identität. Damit die Frauen nicht abgeschoben werden, bevor sie vor Gericht gegen ihre Peiniger aussagen können. Auch das Projekt »Rückkehrhilfen« entsteht, denn die meisten Frauen wollen nach den bitteren Erfahrungen, die sie in Deutschland machen mussten, wieder in ihre Heimatländer zurückkehren. Hier hat Schwester Lea die Unterstützung des Bundesministeriums für wirtschaftliche Zusammenarbeit gewinnen können. »Manche Schwestern in meinem Orden denken, dass unsere Hauptaufgaben nach wie vor in Afrika liegen. Aber die Afrikanerinnen sind inzwischen hier. Hier in Deutschland müssen wir uns um sie kümmern«, erklärt die engagierte Klosterschwester.

Dass sich bei einer Nonne Privates und Berufung verbinden, scheint normal. Aber bei Schwester Lea ist das auf ganz besonders beglückende Weise gelungen: Auf der

Suche nach Büros und Räumen für Solwodi Deutschland hat ihr ein befreundeter Pfarrer, Professor Fritz Köster, sein Pfarrhaus angeboten. Hoch droben über dem Rhein, in Hirzenach bei Boppard. Zwar erklärt er manchmal, dass er verzweifelt wegen der Ausbreitungstendenzen von Solwodi und den dort arbeitenden Frauen um den Erhalt seines eigenen Zimmers ringen würde. Das meint er aber eher liebevoll. Denn auch ihn versorgt Schwester Lea – mit einer fein abgestimmten Diabetes-Diät. »Ohne Schwester Lea würde ich sicher nicht mehr leben«, gesteht der heute 78-jährige Pfarrer dann auch ein. Ganz zu schweigen davon, dass ihn der Wirbel mit den Mitarbeiterinnen von Schwester Lea, den vielen Problemen und spannenden politischen Themen ja auch weiter am aktiven Leben teilnehmen lässt.

Noch ein zweites Glück verbindet die beiden Kirchenleute: Schwester Lea musste vor rund 20 Jahren Pater Fritz nicht lange überzeugen, als es um die Zukunft von zwei kleinen Babys ging: Trixi und Jojo. Beide Mütter konnten sich nicht um ihre Kinder in Deutschland kümmern. Die Nonne und der Pater nahmen die beiden Kleinen zu sich, versorgten sie, schickten sie zur Schule. Trixi machte das Abitur und studiert heute, Jojo ist glücklicher Koch nach einer harten Lehrzeit in einem tollen Hotel. Beide haben guten Kontakt zu ihren Müttern. Aber an Weihnachten sind sie bei Lea und Fritz, wie sie die beiden Kirchenleute liebevoll nennen. Denn sie wissen, was ihnen die Nonne und der Priester ermöglicht haben: eine Ausbildung, eine Zukunft, ein selbstbestimmtes Leben. Und Schwester Lea ist auch weiterhin an allen Fronten unterwegs. Solwodi hat heute ein Büro in Berlin – da sitzt schließlich die Regierung. In der Hauptstadt spielt »die Musik«, werden die Gelder auf Anträge verteilt. Immer wieder fliegt sie auch nach Kenia. Dort versucht neben Solwodi auch Solgidi (Solidarity with Girls Distress) sich um die »Girls«, die Mädchen, zu kümmern. Sie zur Schule zu schicken und ihnen eine Zukunft zu schenken.

Für ihre Arbeit hat die Nonne inzwischen viele Auszeichnungen erhalten: das Bundesverdienstkreuz, den Romano-Guardini-Preis, den Bayerischen Verdienstorden, den Kinderschutzpreis, die Auszeichnung »Frau Europas« ... ein Aufhören ist nicht in Sicht. Das kann sich die zur Dr. phil. promovierte Schwester Lea auch gar nicht vorstellen. Vielleicht ein wenig ruhiger treten, nicht mehr täglich in den Zug springen, mit dem Auto Hunderte von Kilometern durch Deutschland fahren. Aber nicht mehr auf der Seite von Frauen in Not zu stehen – das wird es wohl für Schwester Lea nie geben. Eine Vita activa im besten Sinne.

Senta Berger – Keine Angst vor hässlichen Rollen

Eine schöne Frau wird 70 und hat den Mut zum Hässlichsein: das ist in der Filmbranche, im Fernsehgeschäft außergewöhnlich. Die Frau, die keine Angst vor Falten und strähnigen Haaren, vor einem verheulten Gesicht und einer deprimierten Körperhaltung hat, heißt Senta Berger. Sie ist der einstige Hollywood-Star, ohne den das heutige intelligente Fernsehprogramm in Deutschland nicht denkbar wäre. Denn Senta Berger, der man die 70 – wie alle erstaunt bemerken – nicht ansieht, diese Senta

Berger wirft sich mit ihrer ganzen schauspielerischen Leidenschaft in die Frauenfiguren hinein, die ihr kluge Drehbuchautorinnen und intelligente Regisseure auf den Leib schneidern: die Dr. Eva Maria Prohacek, Polizeirätin in der ZDF-Reihe »Unter Verdacht«. Oder die Sachbearbeiterin Frau Böhm, die Nein sagt und darüber ihren Job verliert. Senta Berger gewinnt viel mit diesen Rollen: Authentizität, Glaubwürdigkeit und – Preise. Sie erhält den Adolf-Grimme-Preis für die Frau Dr. Prohacek, den Bayerischen Fernsehpreis für die Frau Böhm.

Senta Berger ist aber nicht nur Schauspielerin. Sie ist auch eine engagierte, politisch denkende Frau. 1971 beteiligte sie sich an der von Alice Schwarzer initiierten Medienaktion »Wir haben abgetrieben«. Damals ziemlich mutig, denn in Deutschland tobte ein heftiger Kampf zwischen der konservativen Politik, den Kirchen einerseits und engagierten Frauen auf der anderen Seite über den Abtreibungsparagrafen 218. In ihrer zweiten Heimatstadt München trat die gebürtige Wienerin für den sozialdemokratischen Oberbürgermeister Christian Ude auf die Bühne und forderte seine Wiederwahl. Nein – bequem war sie nie. Immer geradeheraus, auch wenn sie nicht die Mehrheitsmeinung vertrat. Eher lieber das Gegenteil. Dagegen sein, nachdenken und nicht einfach nur Ja sagen. Das ist Senta Berger.

Aber auch: »Ich bin wie gemacht für meinen Beruf«, gesteht sie in einem Interview der Nachrichtenagentur dpa. Es gibt für sie auch keinen Zweifel, dass sie bis an ihr Lebensende spielen will. Vor der Kamera, auf der Bühne – wo auch immer. Die 1960er-Jahre in Hollywood sind ihr unvergessen, als sie an der Seite von Kirk Douglas oder

Yul Brynner spielen durfte. Dazu die zwölf Jahre als Buhlschaft im »Jedermann« auf der Salzburger Bühne – das soll ihr auch erst mal eine Schauspielerin nachmachen.

Jetzt gibt es eine Neuauflage von Helmut Dietls »Kir Royal« mit dem Titel »Zettl« wieder mit Senta Berger in einer Hauptrolle. »Und«, so hofft sie, »noch viele andere spannende Frauenrollen.« Die Frauen, die sie spielt, müssen nicht schön sein – nur stark. Das wünscht sich die Grande Dame des deutschsprachigen Films. Vorbilder? Therese Giehse, die bis zu ihrem Tod mit 77 Jahren auf der Bühne und vor der Fernsehkamera stand. Nie aufhören, das passt zu ihr, zu Senta Berger.

KAPITEL 16

Alt werden in Würde – Pflegen Sie Körper und Geist

Ohne Bewegung ist alles nichts

Neben all den vielen Vorschlägen zu spannenden Betätigungen in Ihrem dritten Leben möchte ich noch auf ein Thema kommen, das viele von uns gerne beiseiteschieben: Bewegung. Denn ich will Sie warnen: Halten Sie es gerade in Ihrem dritten Lebensabschnitt nicht wie Winston Churchill, der davon überzeugt war: No sports! Ganz im Gegenteil. Ohne Bewegung wird das nichts mit einem beglückenden, würdevollen Alter. Ohne Bewegung rosten wir, da knirschen die Knochen, stottert das Herz und unser Hirn verkümmert. Bewegung ist gut für die Knochen, die Muskeln, das Herz, die Seele – und den Kopf. Glauben Sie mir, das ist wissenschaftlich belegt, das werden Ihnen all die Fachleute erzählen, die sich mit der Zeit nach dem aktiven Berufsleben beschäftigen.

Es ist eine bittere Tatsache, dass sich nur jeder siebte über 60-Jährige regelmäßig bewegt. Das hat das Institut Forsa herausgefunden. Es kommt aber noch schlimmer:

Sport- und Bewegungsmuffel verlieren bereits zwischen dem 20. und dem 70. Lebensjahr bis zur Hälfte ihrer Muskelkraft. Da wollen Sie doch nicht dazugehören, oder? Ich weiß es aber selbst: Im Job blieb zu wenig Zeit für Sport, für Bewegung. An den Wochenenden war man zu erschöpft. Im Urlaub erst recht. Aber: Wer nicht schon in seiner beruflich aktiven Zeit regelmäßig für Bewegung gesorgt hat, tut sich im dritten Leben noch viel schwerer. Darum: Gehen Sie es jetzt an. Überwinden Sie Ihren Schweinehund. Es ist nie zu spät!

Als junges Mädchen in der Schule waren für mich Sport und Bewegung wie Mittagessen und Zähneputzen. Sport gehörte einfach zum Alltag dazu. Glücklicherweise bin ich in den Bergen, an einem See aufgewachsen. Also Skifahren im Winter, Schwimmen, Segeln, Bergsteigen im Sommer. Aber dann kamen die Kinder. Und immer weniger Zeit mit Job und Haushalt. Ich bin deutlich eingerostet. Das Gewicht wurde mehr, die Hosen enger und ich ziemlich verzweifelt.

Damals schwappte die Jogging-Welle aus den USA nach Deutschland. Das schien mir machbar. Eine Lösung für das Bewegungsdefizit. Eine halbe Stunde am Tag – und man war wieder fit. Also begann ich nach der Anleitung eines amerikanischen Taschenbuches: eine Minute laufen, eine gehen, eine laufen … und nach gar nicht langer Zeit konnte ich durchlaufen. 15 Minuten, 30 Minuten. Aber: jeden Tag? Wann? Am Morgen? Oder erst am Abend, schon im Dunkeln? Noch gut erinnere ich mich, welche Tricks ich mir ausgedacht habe, um mich zum Beispiel jeden Morgen auf die Jogging-Strecke zu katapultieren. Einer davon war: Ich habe mir meine Jogging-

Klamotten abends vor das Bett gelegt und bin am Morgen, noch ganz verschlafen, schon mal mangels Alternative hineingesprungen. Wenn dann alles im Haushalt erledigt war: die Kinder in der Schule, die Betten gemacht, das Frühstück aufgeräumt, das Geschirr abgespült, vielleicht sogar schon die Zeitung gelesen – kam der entscheidende Moment. Jetzt – los? Oder den Jogginganzug ausziehen und ins Bad gehen? Mit einem schlechten Gewissen, weil man wieder nicht gelaufen ist? Überwiegend hat mir dieser Trick geholfen. Ich bin gegen mein schlechtes Gewissen gelaufen. Habe mich bewegt, war fitter und der Hosenbund hat nicht mehr gezwickt.

Warum nicht auch einen Trick anwenden, wenn Sie in Ihrem dritten Leben nicht so leicht in die Gänge kommen? Weil Sie vorher schon viel zu wenig getan haben? – Siehe Forsa-Ergebnisse. Vielleicht ist Joggen nicht Ihr Ding. Dann probieren Sie es doch mit schnellem Walken. Mit Stöcken. Das entlastet die Gelenke, hält die Arme und Schultern beweglich und es geht sich wirklich leichter. Dreimal die Woche, je eine halbe Stunde – und wenn Sie das ritualisiert haben, dann wollen Sie sicher mehr.

Manche mögen auch Schwimmen. Oder Krafttraining für den Rücken. Ich habe mich mit Yoga angefreundet. Ja, angefreundet. Es war keine Liebe auf den ersten Blick oder nach den ersten Versuchen. Ganz im Gegenteil. Erst bin ich in London in eine Yogagruppe geraten, die so gut war, dass ich mir wirklich wie eine uralte Frau vorkam. Nach 90 Minuten, schweißgebadet und deprimiert, zog ich wieder von dannen mit der Erkenntnis: Das ist nichts für mich.

Alle Yogabücher, die ich mir zur Vorbereitung gekauft hatte, verstaubten dann lange Monate im Bücherregal. Erst als mal wieder meine Kinder und Enkelkinder in einem Urlaub mühsam erst zum Mittagessen auf der Bildfläche auftauchten, versuchte ich mich noch einmal in einer Yogastunde. Diesmal war es Kundalini-Yoga. Für mich genau das Richtige. Nie habe ich mich besser gefühlt, gedehnter, elastischer, fitter als nach diesen 60 Minuten. Jetzt war klar: Diese Form von Yoga ist gut für meine kommenden Jahre. Das entspricht meinem Alter, hält mich für die hoffentlich noch anstehenden gesunden und guten Zeiten fit. Denn dass ich was für mich und meinen Körper tun wollte, das war mir immer klar. Nur dauerte es eben eine Zeit, bis ich das Richtige für mich entdeckt hatte. Also: Geben Sie nicht auf, probieren Sie manches aus. Wichtig ist auf alle Fälle: Bewegen Sie sich!

Egal, mit welcher Sportart Sie liebäugeln, Sie stellen sich bestimmt auch die Frage: Wie komme ich zur »richtigen« Sportgruppe? Ich habe dafür telefonisch und im Internet recherchiert, mich umgehört und viel gelesen. Am Ende war es dann ein glücklicher Zufall, der mich zu meiner Yogalehrerin brachte. Beim Blick auf die Pinnwand in einem Einkaufscenter fiel mir ein kleiner Zettel auf: Kundalini-Yogagruppe, gleich bei mir um die Ecke. Morgen, 20 Uhr. »Das schaffe ich nach dem Büro«, habe ich mir gedacht. Mich angemeldet und nichts wie hin. Die junge Lehrerin war sehr sympathisch, wir machten nach ihren Anleitungen bei sanfter Musik Yoga in ihrem Wohnzimmer. Zu viert. Die anderen waren schon viel geübter als ich. Also: wieder am nächsten Montag ... aber: Kann ich da auch? Jetzt immer am Montag um 20 Uhr?

Eher nicht. Aber Karen, so heißt die Trainerin, kommt auch nach Hause. Frühmorgens, einmal die Woche. Das verabreden wir – und halten es seitdem durch. Seit drei Jahren.

Inzwischen gehört Yoga zu meinem Alltag wie frühstücken. Ohne Yoga beginnt kein »guter« Tag. Das wunderbare Dehnen, Strecken, Entspannen. Wer es einmal erlebt hat, wird nicht mehr ohne sein wollen.

Dennoch: es gibt noch vieles andere für die guten Jahre im dritten Leben. Vor allem auf Ausdauer und Koordination kommt es bei der Bewegung an, für die Sie sich entscheiden sollten. Das hat jetzt auch eine Studie der Jacobs University Bremen »Bewegtes Alter« herausgefunden. Dafür suchten die Bremer Wissenschaftler etwa 100 Männer und Frauen im Alter von 65 bis 75 Jahren als Testpersonen aus. Gesund mussten sie sein, aber nicht unbedingt sportlich und aktiv. Aber sie sollten dreimal wöchentlich bereit sein, unter professioneller Anleitung ein Trainingsprogramm zu absolvieren. Von den 100 Probanden blieben 91 übrig. Die in mehrfacher Hinsicht profitierten.

Die Gruppe teilte sich dann in drei verschiedene Trainingsprogramme auf: Nordic Walking, Koordinations- und Gleichgewichtstraining, Stretching- und Entspannungstraining. Dabei ging es den Wissenschaftlern vor allem um die Auswirkungen dieser Programme auf das Gehirn. Und das Gehirn soll ja vor allem im dritten Leben gut funktionieren, oder?

Das Ergebnis war: dreimaliges Ausdauer- und Koordinationstraining pro Woche steigert die kognitive Leistungsfähigkeit, also die Fähigkeit zu Informationsverarbeitung, älterer Menschen erheblich. Ein Entspannungs- und Stretching-Programm allerdings hat keine solchen positiven Auswirkungen auf das Gehirn. Gelohnt hat sich aber auch das, denn ausnahmslos alle Teilnehmer fühlten sich körperlich besser in Form und insgesamt wohler.

Nach der Trainingsphase schleusten die Wissenschaftler ihre Probanden durch mehrere Programme. Diejenigen, die in der Nordic-Walking-Gruppe waren und damit ihre Ausdauer trainiert hatten, konnten danach Informationen schneller und genauer wahrnehmen und verarbeiten. Zudem wesentlich gezielter wichtige von unwichtigen Informationen unterscheiden. Ihr Aktivierungsmuster im Gehirn habe sich eindrucksvoll verändert, stellten die Wissenschaftler fest. Für die Zeit danach wurde den Teilnehmern dringend geraten, dreimal die Woche mindestens 45 Minuten zügig spazieren zu gehen, so, dass sie leicht außer Atem kommen.

Die Botschaft der Wissenschaftler: Gerade im Alter wird Bewegung immer wichtiger, da in der Regel ein stärkerer Abbau der körperlichen und geistigen Leistungsfähigkeit zu beobachten ist. Was, zumindest auf der Ebene der kognitiven Fähigkeiten, im Alltagsverhalten oft gar nicht so leicht zu erkennen sei, so die Forscher. Denn gerade ältere Menschen würden ihren Leistungsverlust durch die Aktivierung weiterer geistiger Ressourcen kompensieren. Die sie sich ja – zumindest in den bereits bekannten Bereichen des Alltags – ein Leben lang aufgebaut haben.

Fazit der Bremer Wissenschaftler: Bewegung hat selbst bei völlig Untrainierten auch in höherem Alter noch positive Effekte. Man kann in jedem Alter mit Sport beginnen, Kraft, Ausdauer und Gleichgewicht sind immer gut trainierbar. Also: Zögern Sie nicht. Packen Sie's an. Und vergessen Sie Winston Churchill!

So bleiben Sie geistig fit

Die körperliche Fitness im Alter ist das eine – wie halten wir aber auch unser Gehirn fit und jung? Geht das überhaupt? Die Bremer Wissenschaftler haben jedenfalls festgestellt, dass in der sportlich aktiveren Gruppe schneller und besser gedacht wurde. Tatsache ist: Das Gehirn braucht Übung und Abwechslung, um geistig rege zu bleiben. Dabei ist Routine der schlimmste Feind eines flexiblen Geistes. Kämpfen Sie also schnellstmöglich gegen die tägliche Routine in Ihrem dritten Leben. Auch, weil Ihre Zeit dann so viel schneller vergeht. Denn das haben amerikanische Wissenschaftler herausgefunden: Wenn wir zu viel Routine absolvieren, verlieren wir jegliches Zeitgefühl. Die Zeit »rast« im wahrsten Sinn des Wortes. Wir nehmen sie nicht mehr wahr. Wir sagen dann eben: »Nie ist die Zeit so schnell vergangen wie im Alter.«

Nur ein Beispiel, damit Sie es ganz deutlich vor Augen haben: Denken Sie konzentriert darüber nach, was Sie in den vergangenen acht Tagen alles gemacht haben. An was erinnern Sie sich? Wann geschah was? Was fällt Ihnen sofort ein? Was haben Sie total vergessen? Müssen Sie in Ihrem Kalender nachgucken?

Stellen Sie sich dagegen eine einwöchige Kulturreise vor, zum Beispiel durch Marokko. Jeder Tag mit neuen Eindrücken, in einem anderen Hotel, mit anderen Menschen, in anderen Restaurants. Wie kommt Ihnen diese Woche gefühlt vor? Ganz lange? Logisch – weil Sie so viel erlebt haben. Vor allem im Vergleich zu der Woche, die Sie zu Hause verbracht haben.

Also: Durchbrechen Sie Ihre Routine. Schaffen Sie kleine Erlebnisse, die sich auch in Ihr Herz, in Ihr Gefühl einbrennen. Das verlängert gefühlt unser Leben. Und das wollen wir doch alle, oder?

Aber zurück zum flexiblen Geist. Manche von uns fangen mit Gedächtnisübungen, mit Denksportaufgaben, Kreuzworträtseln oder Sudoku an. Das ist sicherlich eine gute Idee. Gehirnjogging trainiert Ausdauer und den Mut zum Neuen. Das Ziel sollte es dabei nicht sein, so lange Kreuzworträtsel zu lösen, bis man sämtliche gefragten Begriffe auswendig kennt und ohne lange nachzudenken einsetzen kann. Nein, es sollte (siehe die imaginäre Marokkoreise) um Abwechslung gehen. Wie beim Über-Kopf-Lesen, wenn der Text auf dem Kopf steht. Oder beim Buchstabenstreichen, mit Tangram oder mit Wortspielen.

Doch trotz Gehirnjogging und körperlichem Training steht eines fest: Alles altert. Jede Zelle in unserem Körper altert. Und zwar unwiderruflich. Wir müssen das akzeptieren. Wir haben aber 100 Milliarden Nervenzellen. Die wiederum untereinander 100 Billionen Mal weiterverbunden sind. Das ist unglaublich viel. Mit diesem Potenzial können wir wuchern. Weil es mehr ist, als wir in unserem gesamten Leben nutzen werden. Wir sollten darum vor allem »klug« wuchern.

Unser älteres Gehirn braucht deutlich mehr Zeit für die Informationsverarbeitung. Wir haben es schwerer, unter Zeitdruck etwas Neues zu lernen oder Wissen abzurufen. Das liegt aber nicht daran, dass Gehirnzellen absterben, sondern dass im Gehirn die Kontaktstellen zwischen den

Nervenzellen, den sogenannten Synapsen, verloren gehen. Dann geht gar nichts mehr im Gehirn. Weil die Informationen nicht mehr von einer Zelle zur anderen übertragen werden. Wir brauchen also unsere Synapsen. Wir müssen sie fördern. Leider werden auch bei aller Förderung im Alter immer mehr Synapsen abgebaut als aufgebaut. Die Gesamtzahl nimmt also ab. Was jedoch nicht bedeutet, dass wir auf die Geschwindigkeit dieses Prozesses nicht einwirken könnten.

Wir merken das vielleicht schon im Job, in unseren 50er-Jahren. Das liegt an einer verringerten Leistung unseres Arbeitsgedächtnisses und des sogenannten Hippocampus. Das Arbeitsgedächtnis steuert die Aufmerksamkeit und hält die Konzentration aufrecht. Es wählt auch aus, welche Informationen eine Chance haben, ins Gedächtnis zu gelangen. Der Hippocampus wiederum sorgt dafür, dass diese ausgewählten Informationen auch tatsächlich dauerhaft abgespeichert werden. Er steuert den Transfer zwischen Kurzzeit- und Langzeitgedächtnis, ist verantwortlich für unsere Erinnerungen, aber auch für ihren Abruf. Je mehr er abnimmt, umso schwieriger wird es, sich etwas zu merken und sich gezielt zu erinnern.

Dabei heißt wuchern in diesem Zusammenhang einfach nur: aktivieren. Wobei die Wissenschaftler längst wissen, dass unser Gehirn am meisten profitiert, wenn wir Dinge tun, bei denen wir emotional eingebunden sind. »Spielen mit Enkelkindern bewirkt im Gehirn viel mehr als Gehirntraining am Computer«, sagt etwa die Neurologin Daniela Berg vom Hertie-Institut für klinische Hirnforschung in Tübingen.

Oder zum Beispiel SMS-Schreiben. Dabei wird ein bestimmtes Areal im Gehirn aktiviert. Das können Wissenschaftler im Kernspintomografen feststellen. Vor allem im Vergleich mit den Abbildungen desselben Hirnareals vor 30 Jahren, als noch kein Mensch eine SMS geschrieben hat, werden die Unterschiede sichtbar. Im Kernspin können auch Veranlagungen zu Parkinson und Alzheimer festgestellt werden. Was aber noch lange nicht heißt, dass die jeweilige Krankheit auch wirklich ausbrechen muss.

Neuropsychologen an der Universität Zürich versuchen, das Gehirn älterer Menschen auf andere Weise in Schwung zu halten. Sie bringen 70-Jährigen das Klavierspielen bei. Obwohl sie alle vorher noch nie etwas mit Musik zu tun hatten. Die Züricher Forscher sind überzeugt, dass das effektives Gehirntraining ist. Denn beim Musizieren sind verschiedene Hirnareale aktiv: die motorischen, die Hörareale, die Gedächtnisstrukturen und jene Hirnstrukturen, die vorausplanen. Das alles wirke gemeinsam dem natürlichen Verfallsprozess entgegen, sagen die Forscher. Ihr vorläufiges Ergebnis: Musizierende Probanden sind besser gegen Altersdemenz geschützt als Probanden, die Lesen und Kreuzworträtsel als Hobbys nennen. Dabei muss es nicht unbedingt Klavierspielen sein. Es kann auch das Erlernen einer neuen Sprache sein. Auf alle Fälle aber sollte unser Gehirn mit neuen, unbekannten Informationen genährt werden.

Was sich im Gehirn tut, interessiert Forscher und auch normale Menschen seit Langem brennend. Wie wichtig ein aktives Leben, neue Anreize und Herausforderungen sind, hat auch eine spannende Studie mit Klosterfrauen aus den Vereinigten Staaten bewiesen. Unter anderem kam heraus, dass Anlagen im Gehirn noch lange nicht bedeuten, dass diese auch sichtbar und fühlbar werden. Diese Studie ist spannend für die Alzheimer- und Demenz-Diskussion. 600 Nonnen eines katholischen Ordens erklärten sich bereit, nach ihrem Tod ihr Gehirn der Wissenschaft zu überlassen. Die Schwestern wurden dann in regelmäßigen Abständen bereits zu Lebzeiten untersucht. Wie immer unter Menschen waren einige sehr intelligent, andere weniger. Erstaunlicherweise fanden die Forscher nach dem Tod heraus, dass auch einige der sehr intelligenten Nonnen Gehirnveränderungen hatten, die auf ein schwerstes Alzheimer-Stadium oder eine schwere Parkinson-Erkrankung hindeuteten. Aber bei ihnen war keine dieser Krankheiten zum Ausbruch gekommen. Seitdem sind Wissenschaftler überzeugt, dass nicht jeder Mensch mit den entsprechenden Symptomen im Gehirn diese Krankheiten auch wirklich bekommen muss. Es hängt wohl vielmehr von der Lebensweise, den Anstrengungen und geistigen Herausforderungen ab, wie gesund wir altern.

Auch die körperliche Bewegung kommt hier ins Spiel: Wer sich viel bewegt, dessen Gehirn bleibt leistungsfähiger. Wer nicht raucht, wenig Alkohol trinkt, wird gesund älter. Gerade und vor allem im Gehirn. Sicher spielt auch das Erbmaterial eine wichtige Rolle. Aber eben auch die Einflüsse, für die wir selbst verantwortlich sind.

Denn man ist, was man isst

Ein weiterer wesentlicher Erfolgsgarant für ein gesundes drittes Leben ist schließlich die Ernährung. Wenn Sie ein moderates Bewegungstraining absolvieren, werden Sie es schon bemerkt haben: die Pfunde schwinden. Wenn Sie schon längst alle Lifte umgehen und Treppen steigen und so oft wie möglich alles zu Fuß erledigen, dann sind Sie auf dem richtigen Weg. Dazu aber kommt unbedingt die richtige Ernährung.

Falls Sie aus gesundheitlichen Gründen abnehmen müssen oder Ihr Wohlfühlgewicht wieder erreichen wollen, ist mein erster Tipp: Kaufen Sie sich eine Waage. Wiegen Sie sich jeden Tag um die gleiche Zeit. Wenn Sie zugleich Ihre Ernährung verändern, die Kohlehydrate meiden, den Zucker mit Süßstoff auswechseln, die Fette weglassen, am Schinken den Rand abschneiden, fettarmen Käse, viel Obst und Gemüse essen – dann geht es rapide abwärts. Gewichtsmäßig. So weit herunter, dass Sie einen vernünftigen Body-Mass-Index erreichen. Der errechnet sich aus Ihrem Körpergewicht in Kilogramm geteilt durch die Körpergröße in Zentimetern im Quadrat. Ihr Arzt wird Sie sicherlich gerne beraten und herausfinden, ob Sie an Übergewicht leiden, und mit Ihnen sinnvolle Schritte zur Gewichtsreduktion besprechen.

Ich möchte Ihnen raten, sich einen fixen Wert vorzunehmen, an dem Sie sich ausrichten können. Das ist wichtig für das tägliche Wiegen und für Ihre Erfolgserlebnisse. Und wenn Sie dann erfolgreich abgenommen haben, dann gehen Sie auch wieder fröhlicher und leichter durch das dritte Leben!

Keine Scheu vor den Göttern in Weiß

Ich möchte Ihnen auch raten, in Ihrem dritten Leben regelmäßig zum medizinischen Check-up zu gehen. Gerade auch, wenn Sie das bisher nicht so getan haben. Gehen Sie mindestens alle zwei Jahre. Nutzen Sie alle Vorsorge- und Krebs-Früherkennungsuntersuchungen. Denn: Die Heilungschancen verbessern sich deutlich, wenn eine Erkrankung zu einem frühen Zeitpunkt entdeckt wird. Es ist nie zu spät dafür. Auch nicht, um Risikofaktoren wie Bluthochdruck, Übergewicht und die Vorstufen des Hautkrebses zu erkennen und zu behandeln.

Von den Japanern lernen

Wir sollten uns nicht wundern, dass in Japan so viele Menschen über 100 Jahre alt werden: 48 000 verzeichnet die Statistik. Bei einer Bevölkerung von 127 Millionen. Und so viel kann ich Ihnen verraten: Kein Japaner würde je ungeschützt in die Sonne gehen. Weiße Haut gilt als edel. Nur Landarbeiter und Bauern sind braun gebrannt und der Sonne ausgesetzt. Zum Schutz vor der Sonne tragen alle Frauen schon bei den ersten Sonnenstrahlen Hüte. Auch bei größter Hitze Handschuhe oder Armschoner, und immer Strümpfe! Eine Japanerin geht auch bei 42 Grad nicht ohne Strümpfe unter Menschen. Dazu essen sie alle viel rohen Fisch und Meeresfrüchte – also gute Omega-3-Fettsäuren. Dazu Obst, Salat, Gemüse – alles kommt in kleinsten Portionen auf den ebenso winzigen und immer hübschen Teller. Kohlehydrate selten, und dann auch nur ein Löffelchen Reis, eine Kartoffel oder ein paar Nudeln. Da nimmt sicher keiner zu! Da werden die Menschen eben gesund alt – älter als in jedem anderen Land der Welt.

Ich verstehe jeden, der sich gerne in der Sonne bewegt. Der gerne am Meer oder in den Bergen seinen Urlaub verbringt. Möglichst bei schönem Wetter. Wir müssen es ja nicht wie die Japaner halten. Aber am besten immer eine Creme mit einem Lichtschutzfaktor von mindestens 30, besser noch 50 auftragen. Damit wirklich keine schädlichen UVA- oder B-Strahlen ein Melanom verursachen. Das ist ein zu hoher Preis für das »gebräunte Wohlgefühl«.

Was also sollten Sie im dritten Leben auf alle Fälle planen? Dreimal die Woche 45 Minuten so bewegen, dass Sie ein wenig schwitzen. Also nicht nur spazieren schlendern. Dazu gesund essen, das Gewicht halten und die Sonne meiden. Außerdem das Gehirn anregen, mit abwechselnden Erlebnissen. Routine vermeiden, auch wenn sie noch so schön und angenehm erscheint. Wer sich zu all diesen Maßnahmen durchringen kann, der wird ganz sicherlich gesund und geistig fit älter werden. Das wäre das Ziel. Denn gesunde Alte können selbstständig und selbstbestimmt leben, sich selbst versorgen und sich die Krankenhäuser und Altenheime von außen ansehen. Wer sich fit hält, behält seine Mobilität. Schwache Muskeln, unsicherer Gang führen zu Stürzen, und die ins Krankenhaus. Wer dagegen seine Muskeln trainiert, wird weniger Geld für Ärzte, Kliniken und Seniorenheime ausgeben müssen. Geld, das sie in andere schöne Dinge des Lebens stecken können. Oder den Kindern zukommen lassen. Die können das sicher gut brauchen.

KAPITEL 17

Jetzt ist es Zeit für die richtigen Entscheidungen

Wir alle wissen, dass diese geschenkten Jahre in unserem dritten Leben endlich sind. Die durchschnittlichen Lebenserwartungen machen uns zwar ruhiger – aber wirklich beruhigt kann ein Mensch aus meiner Sicht nur sein, wenn er sein Haus bestellt hat. Damit meine ich jetzt nicht, mit der so viel geforderten »warmen Hand« alles schon den Kindern zu überschreiben oder zu schenken. Ich plädiere für die nötigen Papiere, Vollmachten und Verträge. Damit im Notfall auch alles so geregelt ist, wie Sie es sich wünschen. Wenn Sie in einer Partnerschaft leben, ist eine Vorsorgevollmacht ein aus meiner Sicht wichtiges Papier. Damit Ihr Partner Ihnen auch wirklich zur Seite stehen kann, wenn Sie ihn brauchen. Damit er Entscheidungen fällen kann, die Sie beide vorher besprochen und darüber Einvernehmen erzielt haben müssen. Damit der Partner gegenüber den Ärzten, den Krankenschwestern Auskunft geben kann und darf.

Diese *Vorsorgevollmacht* kann sich auf alle rechtlich relevanten Handlungen beziehen, bei denen eine Stellvertretung zulässig ist. Fragen der medizinischen Behandlung, der freiheitsentziehenden Unterbringung (so der juristische Terminus) oder der Vertretung in gerichtlichen Verfahren müssen also ausdrücklich in der Vollmacht geregelt sein. Eine sogenannte Generalvollmacht umfasst diese Angelegenheiten nicht.

Sollten Sie mit den Informationen, die Sie in Büchern, Zeitschriften oder im Internet finden, nicht zurechtkommen, kann Ihnen ein Anwalt weiterhelfen. Er kann Sie vor allem bei den Sie persönlich betreffenden Fragen beraten. Rufen Sie bei der örtlichen Anwaltskammer an, die können Ihnen Adressen nennen. Denn um eine im Notfall wirklich funktionierende Vorsorgevollmacht zu formulieren, bedarf es kompetenter Hilfe. Wer von uns mag schon darüber nachdenken, dass es auch um die Unterbringung in einem Pflegeheim gehen kann, um die Frage, ob die Patientin/der Patient festgebunden werden darf, wenn die Gefahr des Oberschenkelhalsbruches bei einem Sturz aus dem Bett besteht?

Fachleute raten denjenigen, die über eine Vorsorgevollmacht nachdenken, alle Vermögensgeschäfte darin notariell beglaubigen zu lassen. Denn Vermietungsunternehmen und insbesondere Banken geben sich oft nicht mit privatschriftlichen Urkunden zufrieden.

Banken erkennen auch notarielle Vorsorgevollmachten manchmal nicht problemlos an. Sie verlangen – rechtswidrig – die Erteilung einer Kontovollmacht auf bankeigenen Formularen inklusive einer Unterschriftenprüfung durch die Bank. Das vom Bundesjustizministerium entwickelte Vordruckmuster einer Kontovollmacht soll aber künftig allgemein akzeptiert werden.

Sie sollten aber wissen, dass bei Grundstücksgeschäften und anderen Transaktionen im Rahmen von Unternehmen und bei allen Verbraucherkreditverträgen immer eine notariell beurkundete Vollmacht notwendig ist.

Das andere Papier, das Sie in Ruhe spätestens jetzt, in Ihrem dritten Leben, verfassen sollten, ist eine Patientenverfügung. Dabei geht es um Situationen, die wir uns im Vollbesitz unserer geistigen und körperlichen Kräfte nur schwer vorstellen können. Eine Patientenverfügung (PV) ist eine zivilrechtlich vorsorgliche Willenserklärung. Sie wird wirksam, wenn der Betroffene nicht mehr in der Lage ist, seine notwendige Zustimmung oder Ablehnung zu einer Behandlungsmaßnahme direkt kundzutun. Sie enthält für konkrete Situationen, wie zum Beispiel im Fall einer schweren Gehirnschädigung, Bestimmungen zu medizinischen Behandlungsmaßnahmen. Diese können eingefordert, eingeschränkt oder völlig abgelehnt werden. Daneben sollten in einer PV individuelle Wünsche und Wertvorstellungen zum Ausdruck kommen.

Eine Patientenverfügung muss schriftlich sein, das ist mit Inkrafttreten des »PV-Gesetzes« seit dem 1. September 2009 im Betreuungsrecht verankert. Sie ist verbindlich zu befolgen – aber nur dann, wenn die PV sich konkret auf die dann eingetretenen Umstände beziehen lässt.

Jetzt fragen Sie sich vielleicht: Wann brauche ich eine Patientenverfügung? Brauche ich sie überhaupt? Ich habe in vielen meiner Sendungen, vor allem bei »ML Mona Lisa«, Fälle schildern müssen, in denen ohne Patientenverfügung Dinge mit dem Patienten, mit der Patientin passiert sind, die er/sie, so berichteten es jedenfalls die Angehörigen, nie erleben wollte. Aber ohne dieses Papier können die Partner oder Kinder nicht sagen, was sie wollen, es werden immer Ärzte und Kliniken entscheiden. Und zwar nach deren Maßstäben.

In einer Patientenverfügung empfehle ich Ihnen auch die ethischen Fragen der sogenannten passiven und indirekten Sterbehilfe zu regeln.

Vielleicht treibt Sie auch die Sorge um, am Lebensende einmal hilflos an »Apparaten angeschlossen« zu sein, ohne Aussicht auf ein für Sie noch lebenswertes Weiterleben. Leider können Sie auch solch einen Wunsch nicht so allgemein niederschreiben. Das muss auch juristisch hieb- und stichfest sein.

Auch hierfür ist eine Patientenverfügung notwendig, in der Sie genau festlegen, was in welchem Fall mit Ihnen geschehen soll, welche lebensverlängernden Maßnahmen ergriffen werden dürfen und welche nicht. Besprechen Sie die Verfügung auch unbedingt mit Ihrem Partner und mit Ihren Kindern. Und schreiben Sie dann genau das hinein, was Ihren Sorgen und Ängsten entspricht, aber auch juristisch standhält. Notfalls auch hier wieder: Lassen Sie im Zweifel einen Anwalt drüberlesen und die PV eventuell notariell beglaubigen.

Das mag Ihnen im Augenblick alles mühsam erscheinen. Aber wenn Not am Mann ist, ist es meistens zu spät – jetzt haben Sie Zeit, Ruhe und Muße, diese Dinge zu diskutieren und auf den Weg zu bringen. Und denken Sie daran: Nur weil Sie über alle Eventualitäten nachdenken, bedeutet das noch lange nicht, dass der Ernstfall auch eintreten muss. Und noch ein Tipp zum Schluss: Legen Sie Ihre Patientenverfügung Ihrem Hausarzt vor. Der soll sie bei Gelegenheit mal prüfen, denn auch er hat einige Zeit in einer Klinik gearbeitet und kennt die Abläufe dort gut.

Das letzte wichtige Papier, das Sie spätestens in Ihrem dritten Lebensabschnitt formulieren sollten, ist ein Testament. Das beruhigt Sie und sichert, dass mit Ihren Vermächtnissen in Ihrem Sinne umgegangen wird. Es macht durchaus Sinn, wenn Sie nur wenig zu vererben haben. Denn selbst in der kleinsten Wohnung gibt es ein paar persönliche »Schätze«, die später in die richtigen Hände gegeben werden sollen. Machen Sie eine Bestandsaufnahme, überlegen Sie, was Sie wem überlassen möchten, und dann suchen Sie sich die richtigen Formulierungen heraus. Wichtig hier, im Gegensatz zur Vorsorgevollmacht und zur Patientenverfügung: Das Testament muss mit der Hand geschrieben werden, mit einem Datum und Ihrer Unterschrift versehen sein. Nur dann ist es gültig. Und das wollen Sie doch, oder? Falls Sie Angst haben, dass es später nicht auffindbar sein könnte: Sie können Ihr Testament auch beim Amtsgericht oder bei einem Notar hinterlegen.

KAPITEL 18

Was gar nicht geht:
Zehn Fehler im dritten Leben!

Erster Fehler: Das wahre Alter verheimlichen
Wer sich nicht traut, sein Alter zu nennen, hat in Wirklichkeit Angst davor, nicht mehr attraktiv, liebens- und begehrenswert zu sein. Auch das weitverbreitete »Spielchen« – »Was schätzt du, wie alt ich bin?« – das ist keine Lösung, sondern eine Zumutung. Das spielen Frauen öfter als Männer. Denn allzu oft blitzt die Erwartung durch: Mach mich jünger, als ich bin! Dieses Versteckspiel ist unwürdig, leicht zu durchschauen und bringt jeden, der zu einer Antwort gedrängt wird, in Verlegenheit. Lügen oder wahrhaftig sein?

Wer hingegen zu seinem Alter steht und die Zahl nicht als Hiobsbotschaft kundtut, macht es seiner Umgebung leicht, unbefangen mit dem Altwerden umzugehen. Und dann kommen auch die Komplimente, das netteste: »Für dein Alter hast du dich aber gut gehalten.«

Zweiter Fehler: Nackte Oberarme bei Frauen und Unterhemden am Steuer

Tops mit Spaghettiträgern passen zu Teenies und jungen Frauen. Wenn aber die Haut nicht mehr prall und straff ist, dann sieht ein T-Shirt mit kurzen oder Dreiviertel-Ärmeln viel hübscher aus. Frau soll sich zeigen, muss aber nicht alle Blicke auf die sichtbaren Anzeichen des Altwerdens lenken. Männer mit Unterhemden sind in jedem Alter abschreckend – noch mehr, wenn die Herren jenseits der 60 Jahre sind. Also weder am Steuer auf den langen Urlaubsfahrten noch zu Hause aus Bequemlichkeit oder bei der Gartenarbeit. Unterhemden gehören, so sagt schon ihr Name, untendrunter!

Dritter Fehler: Früher war alles besser

Je älter wir werden, umso mehr schauen wir zurück – auf die eigene Kindheit, das Leben als Mutter oder Vater, Ehefrau, als Geliebter oder Kollege. Wenn wir unseren Kindern und Enkeln von »früher« erzählen und einseitig die »guten alten Zeiten« beschwören, dann sind wir auf dem besten Weg, sie zu vergraulen. Wer die Zukunft vor sich hat, will sich nicht sagen lassen, dass vor 30 Jahren »alles besser« war. Belehrend, langweilig und ältlich hören sich alle Vorträge an, die die vergangene Zeit verklären und (fast) alles Neue verteufeln. Die Jungen schauen vorwärts und brauchen Perspektiven. Aus der Vergangenheit für die Zukunft lernen – wer seinen Erfahrungsschatz so einsetzt, wird auch gehört! Klartext: Das Gestern war, das Heute ist, das Morgen kommt.

Vierter Fehler: Ich bin der Nabel der Welt

Wer sich ständig beobachtet und jedes Wehwehchen als großen Schmerz wahrnimmt, geht seiner Umgebung gehörig auf die Nerven. Hier ist nicht von schweren Erkrankungen die Rede, sondern von Befindlichkeitsstörungen, die man ausleben oder bremsen kann. Es ist nun mal so, dass sich mit zunehmendem Alter Beschwerden einstellen, die unangenehm sind. Gelenkverschleiß – so lautet oft die ärztliche Diagnose, wenn es in Knie, Schulter oder Fuß knirscht. Jeder Mensch hat einen gesundheitlichen Schwachpunkt. Schmerzen kann es überall, vom Kopf bis zu den Zehenspitzen. Aber der Umgang mit unserem Schwachpunkt ist höchst unterschiedlich: Die einen verbringen viel Lebenszeit in Arztpraxen und sind enttäuscht, dass ihnen auch der beste Doktor das Leid nicht wegzaubern kann. Die anderen nehmen den Schmerz zwar zur Kenntnis, aber lassen ihn nicht zum Lebensmittelpunkt werden. Sie horchen nicht ständig angstvoll in sich hinein. Sie wollen sich nicht als Opfer fühlen. Im Gegenteil – sie werden aktiv, kümmern sich um ihre Gesundheit und um vieles mehr. Es ist nun mal so: Wer sich selbst nicht zu wichtig nimmt, bleibt offen für andere und für Neues. Mit dieser Haltung werden Sie für Ihre Umgebung auch interessant. Wer sich als Nabel der Welt fühlt, kapselt sich ab und wird einsam. Es hilft enorm, so manches Zipperlein links liegen zu lassen und sich um das zu kümmern, was man gerne mag. Oft verschwinden die Beschwerden von selbst. So plötzlich, wie sie gekommen sind, so unerwartet machen sie sich aus dem Staub. Klartext: Widerstehen Sie der Versuchung, sich von anderen bemitleiden zu lassen. Hören Sie auf, von Ihren Beschwerden wie

176

Katastrophen zu sprechen! Wenn Sie sich auf Ihre Stärken konzentrieren, dann halten Sie dadurch Ihre Schwächen in Schach.

Fünfter Fehler: Falten zählen

Es gibt inzwischen Frauen und Männer, die sich zu oft und zu lange im Vergrößerungsspiegel anschauen. Sie leiden an ihren Falten und fühlen sich alt und unattraktiv. Sie sind wohl alle derart auf ein junges, glattes Erscheinungsbild fixiert, dass sie unglücklich werden müssen. Aber: Keine schönheitschirurgische Operation kann aus einem alten Gesicht ein junges machen. Es ist eben nicht zu ändern, dass der Mensch mit den Jahren im wahrsten Sinn des Wortes immer dünnhäutiger wird und damit auch Falten kriegt. Die einen ein bisschen mehr, die anderen ein bisschen weniger. Aber im Schnitt haben Menschen mit 60 plus viel mehr Falten als die 45- bis 50-Jährigen. Männer haben übrigens andere Falten als Frauen. Sie haben auch eine dickere Haut. Trotzdem gehen nicht nur in den USA, sondern inzwischen auch in Deutschland immer mehr Männer zum Schönheitschirurgen und lassen sich mit dem Nervengift Botox behandeln. Anschließend zeigen sie sich stolz mit ihrem maskenhaften Gesicht.

Sechster Fehler: Der Weg zum Schönheitschirurgen

Ab auf den OP-Tisch? Wer seinen Körper kritisch unter die Lupe nimmt, hat nichts zu lachen. Es ist wahr: Ein alternder Körper ist keine optische Augenweide. Darüber kann man weinen und sich dann trösten: Dieses Schicksal ereilt irgendwann jede und jeden, Frauen aber heftiger als Männer. Vor allem die Frauen, die bisher ihr Äußeres als Lebensversicherung begriffen haben, fallen in ein Loch, wenn sie im Alter keine anderen Werte entgegensetzen können. Diese Frauen fühlen sich sprichwörtlich wertlos und jagen einer Illusion hinterher: der Illusion vom ewig jugendlichen Aussehen. Das Gesicht lässt sich straffen, die Lippen aufspritzen, die Augenlider liften – das alles ist wahr, aber die Schönheitschirurgie kann den Menschen nicht das zurückgeben, was sie verloren haben: Die Schönheit der Jugend ist unwiederbringlich vorbei. Viele Frauen, die sich einmal einem schönheitschirurgischen Eingriff unterzogen haben, legen sich dann immer wieder auf den OP-Tisch. Sie betrachten ihren Körper wie ein kaputtes Auto, das rundum repariert werden kann. Sie werden zu Dauerkundinnen der Schönheitschirurgie. Sie zahlen einen hohen Preis für eine Sehnsucht, die unerfüllt bleiben wird. Eine Frau mit gestrafftem Gesicht sieht glatter aus, aber nicht jünger. Denn die Falten an Hals und Händen können nicht wegoperiert werden. Mithilfe der Schönheitschirurgie werden Frauen nicht schöner und strahlender, sie werden eher zu tragischen Figuren, die einen unglücklichen Eindruck machen. Wirkliche Schönheit kommt immer von innen … das hat sich seit Jahrhunderten bewahrheitet.

Siebter Fehler: Die Konkurrenz ist jung

Zum Glück gibt es nicht mehr die Mode, die strikt nach Jung und Alt getrennt ist. Frauen und Männer mit 60 tragen – wie die Jungen – im Büro und in der Freizeit zeit-und alterslose Mode. Sie ist lässig-sportlich, bequem oder elegant. Töchter holen sich aus dem Kleiderschrank der Mama T-Shirts und Pullis. Söhne klauen auch beim Vater – je nach Modestil Pullis und Hemden, Socken oder T-Shirts. Die Mütter aber sollten ihre Finger von den Miniröcken der Töchter lassen. Was der Jugend steht, sieht bei Älteren eher peinlich aus, auch wenn die Beine noch so wohlgeformt sind. Denn alles hat seine Zeit. Wer das verstanden hat, gewinnt die Freiheit, sich auf seine Stärken zu besinnen. Der schaut nicht zurück, sondern nach vorne.

Achter Fehler: Im Partnerlook auf Reisen

Alte Ehepaare erkennt man oft am Partnerlook. Gerade auf Reisen, in der Fremde wird die Gemeinsamkeit betont. Beide tragen beim Stadtbummel durch Paris oder Budapest beige Bermudas, hüftlange, weite Kurzarm-T-Shirts, weiße Socken mit bunten Ringeln und feste Sandalen mit Gesundheitssohlen. Modisch betrachtet sind diese Paare eine Katastrophe. Enkelkinder würden sagen: Wie peinlich! Die kurzen Hosen sind viel zu kurz, die Schuhe zu derb und die Socken machen das schönste Bein zum Krautstampfer. Auf die Frage, warum Paare sich massenhaft so unvorteilhaft zurechtmachen, bekommt man als Antwort: »Wir lieben es bequem.« Im Sommer zeigen diese Paare an der See bei Wind und Wetter auch wieder ihre Zusammengehörigkeit: Sie sind in farb- und schnittgleiche Jogginganzüge gekleidet. Ein Schlabberlook, der bei Menschen über 60 nicht cool ausschaut. Alles hat seine Zeit. Das gilt auch für den Schlabberlook.

Neunter Fehler: Mit Sex-Abenteuern prahlen

Männer und Frauen, die sich mit dem Älterwerden arg herumplagen, neigen dazu, mit ihren Sex-Abenteuern vor vielen, vielen Jahren zu prahlen. Sie kokettieren mit ihrer Anziehungskraft, übertreiben maßlos und machen sich lächerlich. Aus dem »tollen Hecht« ist ein übergewichtiger Rentner mit Bluthochdruck geworden und die »supersexy Anne« glaubt, dass sie als 65-jährige Frau mindestens zehn Jahre jünger aussieht. Junge Leute finden es besonders peinlich, wenn Alte mit ihren alten Sex-Geschichten angeben. Klartext: Tun Sie sich und anderen den Gefallen und lassen Sie die Vergangenheit ruhen.

Zehnter Fehler: Der Besuch im alten Büro

Meiden Sie Ihren alten Arbeitsplatz, halten Sie sich fern! Wenn Sie draußen sind und nicht mehr zum Team gehören, dann ersparen Sie sich und Ihren ehemaligen Kollegen den nett gemeinten Überraschungsbesuch im Büro. Sie stören. Sie gehören nicht mehr dazu. Sie stehen mit Ihrem Kuchen nur im Weg. Diese Erfahrungen machen auch Menschen, die lange Jahre im besten Einvernehmen mit ihren Kolleginnen und Kollegen zusammengearbeitet haben. Als Rentner und Rentnerinnen passen sie nicht mehr ins Büro. Sie leben ein anderes Leben, haben nichts mehr gemeinsam mit denen, die geblieben sind. Klartext: Freundschaften, die am Arbeitsplatz entstanden sind, halten, wenn die Freunde oder Freundinnen mehr verbindet als die Arbeit. Und dann trifft man sich am besten nicht am Arbeitsplatz, sondern zu Hause oder im Café. (Siehe auch Seite 60)

KAPITEL 19

Zum Schluss –
Der heitere Blick nach vorn

Das erste Jahr im neuen, dritten Leben ist vorbei. Was bleibt hängen, was schaffen wir tatsächlich umzusetzen? Das eine sind ja unsere guten Vorsätze – das andere sind wir, mit all unseren Fehlern und Ausreden: Heute mache ich nichts, heute habe ich keine Lust, aber morgen – da geht alles los!

Tatsache ist: Wir sollten unsere Vita activa planen. Unser Leben aktiv gestalten. Denn nur dann bleiben wir lebendig. Rosten nicht, weil wir zu viel rasten. Was wir hineinpacken in dieses dritte Leben, das können wir selbst entscheiden. Das ist das Wunderbare an dieser Lebenszeit. Hauptsache, wir hocken nicht tagtäglich vor dem Fernsehapparat und lassen uns berieseln, anstatt selbst etwas zu tun.

Was wir gewinnen, wenn wir aktiv sind, das habe ich Ihnen in diesem Buch hoffentlich deutlich machen können. Ihnen von den Vorteilen eines solchen Lebens erzählt und Ihnen ans Herz gelegt, sich eben nicht auf die faule Haut zu legen. Gucken Sie sich um: Welche Menschen fallen Ihnen auf, weil sie so lebendig scheinen? Egal wie alt sie tatsächlich sein mögen. In meinem Bekanntenkreis begeistert uns alle ein über 70-jähriger ehemaliger Universitätsprofessor. Er macht mit seiner ebenso alten wirbeligen Ehefrau alles aktiv mit. Von Skireisen bis zu nächtlichen Karaoke-Gesängen. Er fährt aus der Schweiz an einem Tag mit dem Auto in seine nördliche Heimatstadt, um am übernächsten Tag in der Economy-Klasse zu seinem Lehrauftrag nach Bangkok zu düsen. Kein Thema ist ihm fremd, die politische Lage ist ihm ebenso vertraut wie die neuesten wissenschaftlichen Erkenntnisse. Und das nicht nur auf seinem Gebiet. Die beiden mögen mir verzeihen, wenn ich sie als ein wenig »verhutzelt« beschreibe. Aber dessen ungeachtet sind ihre offene Art, auf andere Menschen zuzugehen, fröhlichen Augen und ihre positive Lebenseinstellung wirklich vorbildlich. So macht es Spaß, älter zu werden. Da muss man keine Angst haben. Denn »Angst essen Seele auf« heißt nicht ohne Grund ein afrikanischer Spruch, den Rainer Werner Fassbinder zum Titel eines Films gemacht hat.

Ein ehemaliger Intendant sprach in seinem letzten Jahr im Sender in den Direktorensitzungen immer davon, dass man sich, wenn man geht, »ohne zurückzusehen vom Acker machen müsse«. Vom Acker machen – das klingt nach Dreißigjährigem Krieg, nach einer Vertreibung von Haus und Hof. Nein, das ist für mein Gefühl dann doch zu negativ ausgedrückt. Aber natürlich ist der letzte Tag, die letzte Woche schon so etwas wie das Verlassen der alten Jagdgründe. Das Ende eines langen beruflichen Weges, meist in einer Festanstellung. Dazu verbunden mit vielen Emotionen und einem geistigen Wechsel.

Was wird kommen, was bleibt – und was wird ganz neu sein? Was muss ich ändern – was ist vielleicht falsch gelaufen?

Alle, die nach dem ersten Jahr im dritten Leben zurücksehen, werden diese neue, schier unglaubliche Freiheit als positiv erleben. Dieses freie Gestalten des eigenen Terminkalenders. Die Chance, Ja oder Nein zu sagen. Zudem wird uns der Terminkalender auch verblüffen. Denn er kommt uns zu Jahresbeginn noch fast jungfräulich vor. Das ist Glück und Freude.

Allerdings: Wir müssen doch einiges neu erlernen. Zum Beispiel, Nein zu sagen. Nein, wenn die vierte Anfrage in einer Woche daherkommt und der Kalender dann fast schon wieder so aussieht wie früher im Job. Im ersten Jahr jede Woche, jeden Tag auf Achse sein – so war das nicht geplant. Darum empfehle ich Ihnen, einen kleinen Trick anzuwenden, der mir beim Neinsagen hilft: zwei fette Striche an zwei Tagen jeder Woche in den Kalender. Gleich zwölf Monate voraus. Die Zeit wird einfach »frei« gehalten. Für Spontanes, dem Wetter Angepasstes. Für einen längeren Spaziergang genauso wie für einen Lesenachmittag zu Hause. Für Kochen oder Gartenarbeit, für Kino oder Freunde. Zeit für Kinder und Enkel oder Sport. Raum für all das, was im vorherigen Leben so ausgedehnt und entspannt nicht möglich war.

Oder ganz umgekehrt: Sie haben zu viel freie Zeit, zu viele Tage, an denen Sie Ihrer Beschäftigung nachtrauern. Weil es Ihnen noch schwerfällt, sich im neuen Freiraum zu organisieren. Da hilft dann dieses Buch, so hoffe ich.

Sie werden aber auch bald bemerken: Der alte Job fehlt nicht wirklich. (Wenn Sie für ein aktives Leben vorausgeplant haben…) Denn Sie bringen sich ja in die Gesellschaft ein, sind an ganz anderer Stelle wieder mit Ihren Fähigkeiten gefordert oder haben sich vollkommen neu orientiert. Ich zum Beispiel schreibe weiter, halte auch im Rahmen meines UNICEF-Engagements Vorträge zu den Themen, die mich ein Leben lang bewegt haben: Kinder, ihr Leben und ihre Armut, Frauen und ihre immer noch defizitäre Gleichberechtigung in der Welt, Krisen und Kriege, unter denen gerade Frauen und Kinder am meisten leiden. Die Leitungsaufgaben in einem öffentlich-rechtlichen Sender waren spannend – aber jetzt ist es auch gut. Jetzt sollen andere ran. Ich vermisse nichts. Ganz im Gegenteil: Zuweilen gedenke ich an manchen Tagen und zu bestimmten Uhrzeiten der Kolleginnen und Kollegen in einer der unzähligen Sitzungen. Mit einem Grinsen, ich gebe es zu.

Sie werden zu einigen wenigen Ihnen besonders verbundenen Kolleginnen und Kollegen weiter Kontakt haben. Sie werden sie aber, das habe auch ich mir verordnet und vorgenommen, außerhalb des alten Arbeitsplatzes treffen. Weil das für alle Beteiligten einfacher und stressfreier ist.

Aber Sie werden auch vielen ganz neuen Menschen in Ihrem dritten Leben begegnen. In den unterschiedlichsten Bereichen. Wenn Sie einen Lehrauftrag erfüllen, wie ich, oder noch mal die Uni besuchen, dann freuen Sie sich an den Studenten und Studentinnen. An ihrem Engagement und ihrer Hoffnung auf gute Noten in den Bachelor- oder Masterarbeiten. Sie werden sich gefordert fühlen ob der jugendlichen Argumentationsfreude in den Seminaren. Werden erleben, wie der Unibetrieb heute läuft. Dabei ein Rat: Verkneifen Sie sich den Satz »Bei mir war das alles anders…«. Die Assistenten und Assistentinnen der Professoren und Professorinnen werden es Ihnen danken. Sie werden aber auch erleben, unter welch gewaltigem Druck heute Studenten und Assistenten stehen. Wenn sie eng getaktet ihre Arbeiten schreiben und abliefern und den Abschluss bis zum Semesterende fertig haben müssen. Weil dann die Unterstützung der Eltern wegfällt oder der Job, den sie anpeilen, nicht mehr frei ist.

Unter der Prämisse »neues Leben und mehr Zeit« versuche ich in jeder Stadt bei allen Terminen mehr Zeit einzuplanen. Nicht wie früher in den nächsten Zug oder Flieger springen und heim an den Schreibtisch düsen. In jeder Stadt gibt es spannende Ausstellungen. Oder es leben dort Freunde, die Sie schon lange mal wieder treffen wollten. Gehen Sie ins Kino, wenn bei Ihnen zu Hause der neueste Film noch nicht angelaufen ist. Oder verabreden Sie sich mit Ihrem Partner, Ihrem Liebsten in der fremden Stadt auf ein Rendezvous. Das macht Spaß und tut der Beziehung gut.

Einfach bei allem mehr Zeit haben und sie sich auch nehmen. Das muss man wollen, das muss man organisieren. Sonst wird das nichts. Zu tief steckt in uns allen nach über 40 Jahren engstem Terminkalender dieser Druck, alles ganz schnell zu machen und genauso schnell wieder nach Hause zu sausen.

Sie werden dieses dritte Leben als ein wahres Geschenk empfinden. Wir sind alle noch (halbwegs) fit – mit kleinen Malaisen, klar. Aber unverändert aktiv. Diese Jahre können zu einer Zeit des Erntens und des Glücks werden. Zu einer Mischung aus innerer Verpflichtung der Gesellschaft gegenüber, verbunden mit Tätigkeiten im Ehrenamt oder an der Universität. Aber auch mit viel Muße für Gespräche mit Freunden, für gemeinsamen Austausch und gemeinsames Entdecken von Neuem.

Zu Recht sagen uns die Wissenschaftler, dass es keinen Grund für eine pessimistische Sicht auf das Alter gibt. Denn wir werden ja nicht nur älter. Nein, wir werden auch gesund älter. Gesundheitliche Einschränkungen und chronische Behinderungen im Alter haben sich sowohl bei Männern als auch bei Frauen im Vergleich zu unseren Eltern und Großeltern drastisch verringert. Dank des medizinischen Fortschrittes.

Wir wissen heute aber auch: Die Verantwortung für ein Gelingen der Zukunft unserer Gesellschaft liegt nicht bei den Jüngeren, in den Händen unserer Kinder und Enkel. Nein, wir Alte sind gefragt und gefordert. Denn Altern ist nicht das Ende des Lebens – sondern die Zeit für ein neues, eigenes drittes Leben in dieser Gesellschaft. Wir leben aktiv, wir lieben, wir bewegen uns und unser Gehirn. Und wir bringen uns ein. Was wollen wir mehr?

Darum: Heiter weiter – das glückliche dritte Leben ist nicht nur eine hübsche Vision, sondern längst möglich und wirklich. Es liegt an uns, was wir draus machen.

Maria von Welser
Hamburg im Frühjahr 2012

Service-Anhang:
Adressen, Literatur und Tipps

1. Rund ums Geld: Wie Sie weiter gut leben

→ **Wie viel Rente bekommen Sie?** (S. 189)

→ **So fördert der Staat die Altersvorsorge** (S. 191)

→ **Arbeiten im Alter** (S. 191)

→ **Testament und Vollmachten** (S. 192)

Wie viel Rente bekommen Sie?

www.deutsche-rentenversicherung.de Die erste Anlaufstelle rund um die Rente ist die Deutsche Rentenversicherung. Auf deren Internetseite stehen allgemeine Informationen zu Rentenhöhe, Renteneintrittsalter, anrechenbaren Beitragszeiten, aber auch zu einer Vielzahl von Spezialthemen wie die Anrechenbarkeit von Berufsjahren im Ausland. Auch Ihre persönliche Renteninformation können Sie direkt online anfordern. Alle relevanten Unterlagen können Sie sich zudem über die kostenlose Service-Rufnummer der Rentenversicherung zuschicken lassen. Tel.: 08 00 / 10 00 48 00

www.klipp-und-klar.de Zukunft klipp + klar ist eine Initiative der deutschen Versicherer. Auf deren Internetseite können Sie die Broschüre »Fortschritt für Berufsaussteiger« mit vielen Informationen rund um den Ruhestand bestellen oder herunterladen. Außerdem gibt es dort einen **Rentenrechner**.

www.rentenberater.de Sollten Sie unsicher sein, ob Ihr Rentenbescheid korrekt ist, wenden Sie sich am besten an eine unabhängige Stelle. Zum Beispiel vermittelt der Bundesverband der Rentenberater Ihnen einen Rentenberater in Ihrer Nähe. Kontakt: Bundesverband der Rentenberater e. V., Hohenstaufenring 17, 50674 Köln. Tel.: 0221/2406-642, Fax: 0221/2406-946. E-Mail: info@rentenberater.de

TIPP!

Legen Sie sich ein Haushaltsbuch an, um den Überblick über Ihre Finanzen zu behalten und damit Sie ungefähr planen können, welchen Betrag Sie in Zukunft zum Leben benötigen werden. Ein kostenloses Haushaltsbuch gibt es unter anderem bei der Sparkasse. Fragen Sie einfach nach oder bestellen Sie es direkt online: http://www.geldundhaushalt.de/ratgeberservice/planungshilfen/kostenloses_haushaltsbuch.html

So fördert der Staat die Altersvorsorge

www.sozialpolitik-aktuell.de   Sozialpolitik aktuell ist ein Projekt der Universität Duisburg-Essen, das umfassend über Themen der Sozialpolitik in Deutschland informiert. Unter »Politikfelder« (linke Navigationsleiste) finden Sie unter »Alter, Alterssicherung, Rentenversicherung« und dann »Grundinformationen« eine Zusammenstellung sämtlicher Informationen rund um die Themen Rentenversicherung, Betriebliche Altersversorgung, private Altersvorsorge, Rentenbesteuerung, Beamtenversorgung und vieles andere mehr. Eine sehr ausführliche und empfehlenswerte Seite!

www.rententips.de   Auch diese Internetseite informiert Sie über die verschiedenen privaten und betrieblichen Rentenversicherungsprodukte, gibt Tipps, für wen welche Versicherung sinnvoll ist und wie die Erträge aus der privaten Rentenversicherung jeweils zu versteuern sind.

Arbeiten im Alter

www.perspektive50plus.de   Weil ältere Arbeitnehmer mit vielen Talenten und Kompetenzen ausgestattet sind, setzt sich diese Initiative des Bundesarbeitsministeriums dafür ein, dass Sie auch weiterhin oder wieder im Arbeitsmarkt Fuß fassen: In Kooperation mit den lokalen Arbeitsämtern und Unternehmen werden Fortbildungen, Jobvermittlung und persönliche Beratung angeboten. Die Broschüre »Gute Aussichten für Ältere« können Sie auch telefonisch bestellen unter Tel.: 0180/515151-0 oder Fax: 0180/515151-1 (jew. 0,14€/Min.).

www.nebenjob.de Diese Internetseite informiert über mehr als nur Stellenangebote: Die wichtigsten Fakten, die man rund um den Nebenjob beachten muss, sind hier aufgeführt. Unter »Ratgeber« – »Rentner« finden Sie Besonderheiten wie etwa Hinzuverdienstgrenzen, die speziell Rentner zu beachten haben.

Testament und Vollmachten

Der Vorsorgeplaner, herausgegeben von Bernhard Klingler, ist ein Ratgeber, der zeigt, wie man für den Krankheits-, Pflege- und Erbfall mittels Verfügungen, Vollmachten und Testamenten vorsorgt. Leicht zu lesen, mit Mustervorlagen und einem ausführlichen Stichwortverzeichnis.

Die Vorsorge-Mappe von Michael Baczko und Constanze Trilsch thematisiert die schwierigen Fragen rund um Testamente, Vollmachten und Verfügungen. Die Vorsorge-Mappe enthält rechtssichere Musterbögen zum Ausfüllen und Ausfüllhilfen.

2. Coaching: Vertrauen Sie sich einem Profi an!

→ **Checkliste: Ihre Vorstellungen, Wünsche und Ziele** (S. 193)

→ **Für die Suche: Die Coaching-Berufs-verbände** (S. 194)

Checkliste: Ihre Vorstellungen, Wünsche und Ziele

Wenn Sie sich für ein Coaching entscheiden, sollten Sie sich im Vorfeld in aller Ruhe Gedanken darüber machen, was Sie sich erwarten und welche Themen Sie beschäftigen. Folgende Fragen sollen Ihnen dabei helfen, sich über Ihre Ziele und Wünsche bewusst zu werden und einen für Ihr Anliegen passenden Coach zu finden.

○ Welche Anliegen/Fragen bringen Sie mit?
○ Was soll die Beratung bringen, welche Ziele wollen Sie verfolgen?
○ Was soll durch die Beratung besser werden?

- ❍ Wie viel darf das Coaching kosten?
- ❍ Wie lange soll das Coaching gehen?
- ❍ Welchen Eindruck macht der Coach oder die Coachin auf Sie?
- ❍ Welche Referenzen kann er/sie vorweisen?
- ❍ Möchten Sie gerne einen schriftlichen Vertrag über die Dauer und die Kosten des Coachings schließen? Ist der Coach zu solch einem Vertrag bereit?

Quelle: www.bso.de

Eine ausführliche Chekliste finden Sie auf den Seiten des Berufsverbands für Supervision Organisationsentwicklung und Coaching: www.bso.ch

Für die Suche: Die Coaching-Berufsverbände

»Coach« ist keine geschützte Berufsbezeichnung. Das bedeutet, dass sich jeder und jede als Coach bezeichnen kann. Achten Sie deshalb darauf, dass Ihr Coach Mitglied in einem anerkannten Berufsverband ist. Dort vermittelt man Ihnen übrigens auch gerne einen geeigneten Coach!

Deutsche Gesellschaft für Supervision
Geschäftsstelle, Lütticher Str. 1–3, 50674 Köln. Tel.: 0221/92004-0, Fax: 0221/92004-29. E-Mail: info@dgsv.de, www.dgsv.de

Deutscher Verband für Coaching und Training
Heinrich-Barth-Str. 1, 20146 Hamburg. Tel.: 040/2199 7754, Fax: 040/98762444. E-Mail: info@dvct.de, www.dvct.de

Schweizer Berufsverband für Supervision, Organisationsentwicklung und Coaching

Schwarztorstr. 22, 3007 Bern. Tel.: 0041/31/38244-82, Fax: 0041/31/38244-39. E-Mail: info@bso.ch, www.bso.ch

---

TIPP!

---

www.charakterstaerken.org ist ein Internetportal der Universität Zürich. Nach der Registrierung, die für die Nutzung der Seite erforderlich ist, können Sie eine Reihe von wissenschaftlich fundierten Selbsttests durchführen – inklusive der jeweiligen Auswertungsergebnisse. Dadurch erhalten Sie wertvolle Informationen über sich selbst und helfen nebenbei noch den Forschern der Universität Zürich. Die Tests sind kostenlos und anonym.

3. Ehrenamt –
der Gesellschaft etwas
zurückgeben

Checkliste: Welches Ehrenamt ist das richtige?

Die folgenden Fragen sollen Ihnen dabei helfen, sich über Ihre Motivation für ein Ehrenamt, Ihre Wünsche und Kenntnisse klar zu werden. Hören Sie in sich hinein und versuchen Sie herauszufinden, wo und wie Sie sich gerne einbringen möchten!

○ Welche Fähigkeiten haben Sie?
○ Haben Sie Kompetenzen aus dem Beruf, der Kindererziehung, die Sie gerne in Ihr zukünftiges Ehrenamt einbringen möchten?
○ Arbeiten Sie gerne mit anderen Menschen zusammen?

- Was wünschen Sie sich von Ihrem Ehrenamt?
- Was liegt Ihnen besonders am Herzen?
- Wie viel Zeit möchten Sie in etwa investieren?
- Möchten Sie sich lieber regelmäßig engagieren oder lieber einmal, für mehrere Tage oder Wochen am Stück?
- Sind Sie räumlich gebunden oder würden Sie beispielsweise auch ins Ausland gehen wollen?
- Wollen Sie in Ihrer Region, Ihrer Stadt oder Ihrem Viertel aktiv werden?
- Sind Sie gesundheitlich fit oder gibt es Einschränkungen, auf die Sie achten sollten?

Eine ausführliche Checkliste finden Sie auch unter www.bagso.de

Ehrenamt in Deutschland

www.gemeinsinn.de Gemeinsinn ist Deutschlands älteste Bürgerinitiative. Ihr Ziel ist es, Gesellschaft selbst aktiv zu gestalten und andere zum Mitmachen zu motivieren. Unter der Rubrik »Ehrenamt« finden Sie auf der Internetseite eine ganze Reihe interessanter Organisation sowie weitere Links zu Ehrenamtsbörsen. Kontakt: Aktion Gemeinsinn e.V., Am Hofgarten 10, 53113 Bonn. Tel.: 02 28 / 22 23 06, Fax: 02 28 / 21 94 09. E-Mail: info@gemeinsinn.de, www.gemeinsinn.de

Bundesarbeitsgemeinschaft der Senioren-Organisationen e. V. (BAGSO)

Die »Lobby der Älteren«, die BAGSO, versammelt unter ihrem Dach über 100 Verbände mit etwa 13 Millionen älteren Menschen. Auf den Internetseiten der BAGSO finden Sie vielfältige Informationen und Anregungen: Anlaufstellen, Ansprechpartner, Adressen und eine Fülle von Organisationen, bei denen Sie sich engagieren können. Kontakt: Bundesarbeitsgemeinschaft der Senioren-Organisationen e. V., Bonngasse 10, 53111 Bonn. Tel.: 02 28 / 24 99 93-11, Fax: 02 28 / 24 99 93-20. E-Mail: kontakt@bagso.de, www.bagso.de

www.senioren-initiativen.de Über die Internetseite Senioren-Initiativen gelangen Sie zu einer Datenbank mit über 1200 Engagementmöglichkeiten. Sie können nach Engagementfeldern, Zielgruppen und Bundesländern recherchieren.

www.ehrenamtsportal.de Auf der Internetseite des Ehrenamtsportals finden Sie eine Vielzahl von ehrenamtlichen Initiativen und Einrichtungen, die ehrenamtliche Helfer suchen. Auch erhalten Sie Hilfe bei der Suche einer geeigneten Initiative in Ihrer Nähe. Kontakt: Patenschaften-aktiv e. V., Ungererstr. 19, 80802 München. Tel.: 0 89 / 42 09 51 60-70. E-Mail: info@patenschaften-aktiv.de, www.ehrenamtsportal.de

Ehrenamt im Ausland

Internationale Freiwilligendienste Dieses Internetportal stellt Organisationen vor, die international Freiwilligendienste für Menschen aller Altersgruppen durchführen. Die wichtigsten Fragen zu den Voraussetzungen der Teilnahme werden geklärt. Auf der Seite findet sich zudem eine Fülle an weiterführenden Links zu internationalen Freiwilligendiensten, die auf die Lebenserfahrung und das berufliche Know-how der Best Ager Wert legen. Kontakt: Arbeitskreis Lernen und

Helfen in Übersee e. V., Thomas-Mann-Str. 52, 53111 Bonn. Tel.: 02 28 / 9 08 99-10, Fax: 02 28 / 9 08 99-11. E-Mail: aklhue@entwicklungsdienst.de www.internationale-freiwilligendienste.org

Der **Senior Experten Service**   vermittelt Ruheständler, die aus technischen, handwerklichen, kaufmännischen, medizinischen oder sozialen Berufen kommen, als Experten ins Ausland, vor allem nach Asien, Afrika und Europa. Kontakt: Senior Experten Service, Stiftung der Deutschen Wirtschaft für internationale Zusammenarbeit GmbH, Buschstr. 2, 53113 Bonn. Tel.: 02 28 / 2 60 90-0, Fax: 02 28 / 2 60 90-77. E-Mail: ses@ses-bonn.de, www.ses-bonn.de

4. Miteinander und aneinander wachsen

Partner und Ehe

Vieles verändert sich jetzt, auch die Beziehung zum Partner. Damit Sie das dritte Leben zu zweit genießen können, sollten Sie das Bestehende pflegen, Neues miteinander ausprobieren und sich aktiv umeinander bemühen. Wie das geht, kann man lernen: Die Volkshochschulen bieten Kurse für Paare an, es gibt Beratungsstellen für Paare und eine Vielzahl von Möglichkeiten, neuen Schwung in die Beziehung zu bringen. Ob sie miteinander reisen, tanzen oder eine neue Sprache lernen, bleibt ganz Ihnen überlassen. Aber kümmern sollten Sie sich darum!

LESETIPP!

»Silver Sex« von Ruth Westheimer. Die Liebe weiter lustvoll genießen – wie das geht, zeigt die über 80-jährige Sexualtherapeutin. Die Besonderheiten der reifen Liebesbeziehung werden thematisiert und Dr. Westheimer gibt Tipps, wie man bis ins hohe Alter sinnlich und leidenschaftlich lieben kann!

Kinder und Enkel

Enkel sind das Schönste, was es gibt! Traurig ist nur, wenn man keine eigenen Enkelkinder hat oder sie sehr weit weg leben. Die gute Nachricht: Man muss deshalb noch lange nicht auf Kinder verzichten. Allen, die gerne mit Kindern zusammen sind, ihnen etwas auf dem Weg ins Leben mitgeben möchten, seien hier exemplarisch zwei Organisationen genannt, die zwischen den Generationen Brücken bauen.

www.oma-opa-hilfsdienst.de Dieser Hilfsdienst für Familien wurde 1981 von Elfriede Schumacher gegründet, die für ihre Initiative mit dem Bundesverdienstkreuz ausgezeichnet wurde. Gegen eine geringe Gebühr werden Leih-Omas und Leih-Opas in Familien vermittelt, die Unterstützung brauchen. Voraussetzung für die Leih-Omas und Leih-Opas ist, dass sie eigene Kinder großgezogen oder anderweitig Erfahrungen mit Kindern gesammelt haben. Interessierte können über das Internet Kontakt aufnehmen oder sich hier melden:

Buntentorsteinweg 97, 28201 Bremen. Tel.: 0421/530153, Fax: 0421/4335698. E-Mail: post@oma-opa-hilfsdienst.de

www.lesepaten.net In ganz Deutschland werden ehrenamtliche Lese- und Bildungspaten gesucht. Diese Internetseite erklärt, was Lese- und Bildungspatenschaften sind, und enthält eine Liste regionaler Projekte, bei denen Sie sich engagieren können. Kontakt: Förderverein Patenschaften-aktiv e. V., Ungererstr. 19, 80802 München. Tel.: 089/4209 51 6071-0. E-Mail: info@patenschaften-aktiv.de

Freunde

Freunde sind gerade im Alter wichtig. Manchmal merkt man aber auch gerade wenn man älter wird, dass man sich von den alten Freunden entfernt oder fortentwickelt hat. Das ist aber noch kein Grund zu verzagen, denn es gibt viele Wege, neue Freundschaften zu knüpfen!

○ Wer sich aktiv einbringt, ob in einem Ehrenamt, Verein oder in der Nachbarschaft, lebt seltener allein und lernt ganz automatisch Menschen kennen.

○ Suchen Sie auch mal im Internet. Dort gibt es Foren speziell für ältere Menschen, zum gegenseitigen Austausch, aber auch zum Kennenlernen. Achten Sie aber unbedingt darauf, dass die Seite seriös ist (siehe Kapitel »Fit für das Netz« ab Seite 208).

○ Es gibt inzwischen viele Treffpunkte und Aktivitäten, die sich gezielt an ältere Menschen richten. Suchen Sie in Ihrer Stadt nach solchen Angeboten, die Seniorenbüros gehören etwa dazu, und schauen Sie einfach mal vorbei!

○ Klar ist: Sie müssen raus aus der Komfortzone, sich auch mal trauen, auf andere zuzugehen, denn wer nur zu Hause ist, findet keine neuen Freunde.

NETZTIPP!

www.magazin66.de Diese Internetseite, herausgegeben vom gemeinnützigen Verein zur Förderung des Dialogs der Generationen, richtet sich an alle über 66. Hier erfahren Sie, was andere Senioren beschäftigt, es gibt eine Ehrenamtsbörse, eine Partnervermittlung, die Möglichkeit, sich interaktiv mit anderen Nutzern auszutauschen und einen eigenen Blog zu schreiben. Auf der Seite stehen auch Links zu Sponsoren, diese sind als solche gekennzeichnet.

5. Wohnen im Alter

→ **Wie möchten Sie in Zukunft wohnen?**
  (S. 204)

→ **Im eigenen Zuhause bleiben** (S. 205)

→ **Alternative Wohnformen** (S. 205)

→ **Umzug ins Ausland** (S. 206)

Wie möchten Sie in Zukunft wohnen?

Wegweiser Wohnformen des Familienministeriums

Allen, die noch nicht genau wissen, wie oder wo sie wohnen möchten, ist die Broschüre »Auf der Suche nach der passenden Wohn- und Betreuungsform – Ein Wegweiser für ältere Menschen« (160 Seiten) zu empfehlen. Sie kann kostenlos beim Familienministerium bestellt oder direkt online heruntergeladen werden: http://www.bmfsfj.de/BMFSFJ/Service/Publikationen/publikationsliste,did=133804.html
Kontakt: Bundesministerium für Familie, Senioren, Frauen und Jugend, 11018 Berlin. Tel.: 0180/1907050 (Festnetz 3,9 Cent/Min., Mobilfunk max. 42 Cent/Min.)

Im eigenen Zuhause bleiben

»Selbstständig wohnen im Alter« ist eine Broschüre der Deutschen Seniorenliga für alle, die weiter in den eigenen vier Wänden leben wollen. Bestellt werden kann sie hier: Deutsche Seniorenliga, Heilsbachstr. 32, 53123 Bonn. Bestell-Hotline: 0 18 05 / 00 19 05 (Festnetz 0,14 € / Min., Mobilfunkpreise abweichend).

www.online-wohn-beratung.de Für alle, die solange es geht im eigenen Zuhause bleiben möchten, bietet diese Seite Informationen rund um barrierefreies Wohnen, Tipps zu Umbau und Anpassung von Wohnräumen, vom Hauseingang bis hin zur Auswahl des richtigen Bodenbelags.

www.wohnenfuerhilfe.info Sie haben genug Wohnraum, um noch jemanden mit aufzunehmen, schaffen aber den Haushalt oder den Garten nicht mehr allein? Dann können Sie sich hier über das internationale Projekt »Wohnen für Hilfe« informieren. Dabei erbringt der Mieter anstelle einer Mietzahlung dem Vermieter Hilfeleistungen im Alltag, die individuell von beiden Parteien vereinbart werden. In vielen Städten gibt es Vermittlungsdienste. E-Mail: whf-hf@ uni-koeln.de

Alternative Wohnformen

www.wohnprojekte-portal.de Dieses durch das Familienministerium geförderte Portal dient als Informationsdrehscheibe für alternative Wohnprojekte in Deutschland. Es bietet Inspiration zu verschiedensten Formen gemeinschaftlichen Wohnens auch im Alter, stellt realisierte und geplante Projekte vor. Ob Stadt oder Land, Wohn- und Hausgemeinschaften oder ganze Siedlungsprojekte, ob politische oder ökologische Initiative, mit Kultur- und Ehrenamtarbeit, als Mehrgenerationen- oder Integrationskonzept – die Möglichkeiten sind interessant und vielfältig.

www.baumodelle-bmfsfj.de   Vom Bundesfamilienministerium initiiert, gibt diese Seite Informationen zu neuen Wohnformen und präsentiert bereits bestehende Wohnmodelle. Neben neuem, alternativem und gemeinschaftlichem Wohnen liegt der Themenschwerpunkt auf den Gebieten gesellschaftliche Teilhabe, zukunftsorientierte Betreuung und Hilfe für Menschen mit Behinderung.

»Grau ist bunt«   Henning Scherf, ehemaliger Bürgermeister von Bremen, hat seine eigenen Erfahrungen mit dem Wohnen im Alter aufgeschrieben. Wie er das Leben in den 20 Jahren in Deutschlands berühmtester Senioren-WG erlebt und warum er dieses Lebens- und Wohnmodell empfiehlt, erfahren Sie in diesem Buch.

Umzug ins Ausland

www.raphaels-werk.de   Das Raphaels-Werk berät seit 140 Jahren unter anderem Auswanderer, binationale Paare und Rückkehrer. Über die Internetseite können Sie eine der 16 regionalen gemeinnützigen Auswanderungsberatungsstellen in Ihrer Nähe recherchieren und die Broschüre »Cari-

tas-Jahrbuch 2008: Chancen und Risiken der Auswanderung«
gegen eine Schutzgebühr von 20 Euro bestellen. Auch unter
der Telefonnummer 040/248442-0 erhalten Sie Auskunft
über eine Beratungsstelle in Ihrem Bundesland.

www.auswandern.de Auf dieser Internetseite rund um
das Thema Auswandern vernetzen sich Menschen aus aller
Welt und tauschen sich miteinander aus. Es gibt eine inter-
aktive Funktion, um direkt online Fragen zu stellen, ein
Ratgeber-Telefon sowie viele allgemeine Informationen zu
einzelnen Ländern, Rente, Versicherungen und Steuern.
Registrierte Mitglieder haben Zugriff auf ein Forum sowie ausführliche Materialien. Die Mitgliedschaft ist kostenlos
(Stand Februar 2012).

6. Fit für das Netz

Ein paar einfache Regeln für sicheres Surfen

○ Glauben Sie nicht alles, was Sie im Internet lesen!

○ Achten Sie auf Ihre Daten und nennen Sie Persönliches wie Name, Adresse, Telefonnummer und vor allem Ihre Bankverbindung wenn überhaupt nur vertrauensvollen Seiten, die Sie kennen.

○ Laden Sie Dateien nur herunter, wenn Sie der Seite vertrauen. Sonst riskieren Sie Viren und Würmer (bösartige Programme, die Ihren Computer beschädigen können) oder hohe Kosten.

○ Öffnen Sie keine E-Mails von Absendern, die Sie nicht kennen!

Eine Checkliste zum sicheren Surfen hält auch die Verbraucherzentrale für Sie bereit. Die »Checkliste für Surfer« (4 Seiten) kann per Fax unter der Nummer 01905/553110177 abgerufen werden (0,62€/Min.).

Adressen zur Internetsicherheit

www.verbraucher-sicher-online.de Eine Seite der Technischen Universität Berlin, die fast alle Bereiche des Internets erklärt und zeigt, worauf man beim Onlineshopping, Onlinebanking und vielem mehr achten muss. – Eine sehr gute Seite auch für Einsteigerinnen und Einsteiger!

www.bsi-fuer-buerger.de Das Bundesministerium für Sicherheit in der Informationstechnik erklärt umfassend, wie das Internet funktioniert, auf was man achten muss und wie man sich sicher im Netz bewegt. Auch für Fortgeschrittene gibt es hier interessantes Infos: Zum Beispiel wie man den eigenen PC sicher einrichtet.

www.surfer-haben-rechte.de Eine Seite der Verbraucherzentrale, die darüber informiert, was im Internet erlaubt ist und was nicht. Dort kann man auch selber Verstöße melden, sich über aktuelle Gefahren informieren und Checklisten zu den Regeln und Gesetzen, die schließlich auch im Netz gelten, herunterladen.

Tipps für Suchmaschinen

Zielgenau suchen: Setzen Sie Begriffe in Anführungszeichen

Angenommen, Sie haben eine Zeile aus einem Gedicht im Kopf, wissen aber nicht mehr genau, woher Sie es kennen. Dann können Sie diese Zeile mit Anführungszeichen eingeben (zum Beispiel: »Und jedem Anfang wohnt ein Zauber inne«) und erhalten zielgenau das richtige Ergebnis (In diesem Fall: Hermann Hesse, Stufen). Das Gleiche gilt natürlich auch für Personennamen (»Vorname Nachname«) und andere Mehrwortkombinationen.

Erweiterte Suche – machen Sie ein Plus oder ein Minus!

Je mehr sie über ein Thema wissen, desto genauer können Sie suchen. Sie wissen, dass Ihre alte Studienkollegin in Düsseldorf wohnt und möchten Sie gerne kontaktieren? Dann schreiben Sie: »Vorname Nachname« + Düsseldorf. Wenn Sie ein bestimmtes Wort nicht mitsuchen möchten, setzen Sie umgekehrt einfach ein Minuszeichen.

Wie Sie Bilder im Internet finden

Gehen Sie auf die Startseite von Google. Dort klicken Sie in der Leiste neben dem Suchfeld auf das Feld »Bilder«. Damit aktivieren Sie die Suche nach Bildern. Wenn Sie dann den Namen Ihres Lieblingsschauspielers (natürlich mit Anführungszeichen!) eingeben, werden Sie überrascht sein, wie viele tolle Bilder es von ihm im Internet gibt.

Wie Sie eine Adresse bei Google suchen

Das englische Wort »Maps« bedeutet »Landkarten«. Wenn Sie in der Leiste neben dem Suchfeld »Maps« anklicken, sehen Sie eine Landkarte. Im Suchfeld links können Sie dann zielgenau jeden Ort der Welt suchen. Das ist hilfreich, wenn Sie schauen wollen, wo der tolle Friseur genau liegt, den Ihnen Ihre Freundin empfohlen hat, oder wenn Sie herausfinden wollen, ob das Hotel in Ihrem Urlaubsort wirklich in der Nähe vom Meer liegt!

So planen Sie Ihre Reiseroute

Sie möchten wissen, wie lange Sie für die Fahrt zu Ihrer Tochter benötigen werden? Dann können Sie über Anklicken von »Maps« (auf Google) auch einen Routenplaner öffnen: Links neben der Landkarte steht unter dem Adressfeld »Route berechnen«: Das klicken Sie an, danach geben Sie einfach Start- und Zieladresse ein – und schon wissen Sie, welche Routen möglich sind und wie lange Sie unterwegs sein werden!

Was es noch zu bedenken gibt ...

Zu einer erfolgreichen Suche im Internet reicht es oft nicht, die richtigen Begriffe und Befehle zu verwenden. Wichtig ist auch zu beurteilen, ob ein Treffer relevant ist und sich ein Besuch auf der Seite lohnt. Erkennen können Sie das mit etwas Übung, wenn Sie in der Trefferliste auf die Überschrift, die kurze Inhaltszusammenfassung und den Namen der Internetadresse achten. Denn die zeigt Ihnen, ob die Seite kompetent und seriös ist.

Und jetzt: Googeln Sie doch einfach mal!

Wie das Internet das Leben leichter macht

→ Immer wissen, was gerade los ist in Ihrer Stadt – Schauen Sie auf die Webseite Ihrer Stadt, dort finden Sie alle aktuellen Veranstaltungen und Termine.

→ Reservieren Sie Kino- und Theaterkarten – und sichern Sie sich die besten Plätze.

→ Online einchecken – damit sparen Sie viel Zeit am Flughafen.

→ Jederzeit die neuesten Nachrichten lesen – Schauen Sie mal auf die Seite Ihrer Tageszeitung!

→ Bahntickets buchen – und bequem selbst ausdrucken.

→ Einkaufs-Liefer-Service finden – Sie möchten nicht mehr selber Ihre Einkäufe nach Hause tragen? Schauen Sie mal im Netz, ob es in Ihrer Nähe einen Supermarkt mit Lieferservice gibt!

→ Die Modegeschäfte in Ihrer Stadt haben nichts, was Ihnen gefällt? – Dann bestellen Sie bequem online ein schickes neues Kleidungsstück!

7. Geistig und körperlich fit bleiben

→ **Bildung** (S. 214)
→ **Gesundheit und Vorsorge** (S. 215)
→ **Ernährung und Sport** (S. 216)

Bildung

www.bildung-ab-50.de   Reisen, kreatives Schaffen, Bildung – auf dieser privaten Internetseite finden Sie Informationen zu vielfältigen Bildungs- und Weiterbildungsthemen für die Generation 50 plus.

www.bildungsserver.de   Auf der Internetseite des deutschen Bildungsservers finden Sie alle Informationen rund um das Thema Bildung. Über die Suchfunktion können Sie zielgenau Meldungen, Informationen und Adressen suchen. Wenn Sie beispielsweise nach »Seniorenstudium« suchen, erhalten Sie 48 Treffer.

Studienführer für Senioren ist eine Publikation des Bundesfamilienministeriums, die über die Studienangebote für Senioren an den einzelnen Hochschulen informiert und zu-

dem auch altersrelevante Themen wie veränderte Lern-
fähigkeit und Intelligenz im Alter behandelt. Der Studienführer kann auf der Internetseite des Familienministeriums
www.bmbf.de unter »Publikationen« heruntergeladen oder
telefonisch bestellt werden: Tel.: 0180/1907050 (Festnetz
3,9 Cent/Min., Mobilfunk max. 42 Cent/Min.)

Gesundheit und Vorsorge

»**Mein Gesundheitsbuch**« von Marianne Koch erklärt Ihnen
anschaulich und leicht verständlich die Funktionen des Kör-
pers sowie die häufigsten Krankheiten. Behandlungsmög-
lichkeiten werden ebenso aufgezeigt wie Tipps zur Vorbeu-
gung und zum Schutz vor Krankheiten.

www.bmg.bund.de Auf den Internetseiten des Gesund-
heitsministeriums finden Sie unter dem Stichwort »Präven-
tion« vielfältige Informationen zu Vorsorgeuntersuchungen
zur Früherkennung von Krankheiten, Krankheitsprävention
sowie zu Patientenrechten. Unter der Rubrik »Pflege« steht
zudem Wissenswertes zu den Themen Heimunterbringung,
Demenz und den Leistungen der Pflegeversicherung.

Errechnen Sie Ihr biologisches Alter, dann wissen Sie,
was Ihnen guttut! Unter http://diaet.abnehmen-forum.com/
biologisches-alter.php finden Sie einen Selbsttest, mit dem
Sie Ihr biologisches Alter bestimmen und sich detailliert ansehen können, welche Faktoren Sie jünger oder älter machen,
als Sie tatsächlich sind!

Ernährung und Sport

www.dge.de Die Deutsche Gesellschaft für Ernährung stellt auf ihren Internetseiten die neuesten Erkenntnisse zu den Themen Gesundheit und Ernährung vor. Unter der Rubrik »Ernährung« finden Sie zahlreiche Informationen für eine vollwertige Ernährung, die richtige Zubereitung von Lebensmitteln und zur Diätetik.

www.altern-und-gesundheit.de Auf dieser Seite der Freien Universität Berlin sind interessante und nicht kommerzielle Internetseiten zu den Themen Sport, Ernährung und gesundes Alter zusammengestellt.

www.gesundessen.net Informationen zu Vollwertkost und eine lange Liste vollwertiger, gesunder Rezepte finden sich auf dieser Internetseite von den Ärzten Dr. Michael und Dr. Rosemarie Dorrer. Alle Informationen sind kostenlos abrufbar, auf der Seite werden allerdings auch kostenpflichtige Fastenkuren für gesunde Menschen angeboten.

TIPP!

Wenn Sie wissen möchten, ob Sie übergewichtig sind, können Sie auf der Internetseite der Universität Hohenheim Ihren Body-Mass-Index errechnen lassen und anhand einer Tabelle direkt überprüfen, ob Ihr Wert altersentsprechend ist: https://www.uni-hohenheim.de/wwwin140/info/interaktives/bmi.htm

LITERATURVERZEICHNIS

Altmann, Petra: Starke Frauen aus dem Kloster: Zehn Ordensschwestern im Porträt. Präsenz Verlag 2011.

Berndt, Jon Christof: Die stärkste Marke sind Sie selbst! – Das Human Branding Praxisbuch. Kösel 2009.

Fischer, Suzy u. a. (Hrsg.): Wechseljahre für Fortgeschrittene. VAS Verlag für akademische Schriften 2002.

Friess, Tom; Huber, Michael: Finanzcoach für den Ruhestand. Der persönliche Vermögensberater für Leute ab 50. Finanz-Buch Verlag 2011.

Kuntze, Sven: Altern wie ein Gentleman. Zwischen Müßiggang und Engagement. C. Bertelsmann Verlag 2011.

Oberlin, Urs-Peter: Glücklich leben im Ruhestand. Sinnvoll planen, in Freude genießen. Ariston Verlag 1985.

Pinl, Claudia: Ehrenamt: Neue Erfüllung – Neue Karriere. Wie sich Beruf und Öffentliches Ehrenamt verbinden lassen. Möglichkeiten Wege, Perspektiven. Walhalla 2010.

Richter, Ursula: Was heißt hier Oma! Das Selbstverständnis der Großmütter von heute. Kreuz Verlag 1994.

Ringel, Erwin: Das Alter wagen. Wege zu einem erfüllten Lebensabend. Dtv 1994.

Simmel, Georg: Soziologie. Untersuchungen über die Formen der Vergesellschaftung. Duncker & Humboldt Verlag 1908.

Wirthensohn, Andreas; Panthöfer, Sonja: Keine Zeit zum Älterwerden: 16 Porträts von aktiven Menschen. Knesebeck 2009.

EINE AFRIKANISCHE HELDINNENGESCHICHTE

ISBN 978-3-517-08713-9

Leseprobe unter
suedwest-verlag.de

Als Rebecca von ihren Nachbarn wegen Aufmüpfigkeit halb zu Tode geprügelt wird und ihr Mann sich weigert, ihr zu helfen, verlässt sie ihn. Mit einer Freundin gründet sie Umoja, das erste Frauendorf Afrikas. Dort leben Frauen, die ein ähnliches Schicksal teilen: geschlagen oder vergewaltigt, auf der Flucht vor Genitalverstümmelungen oder Zwangsehen. In ihrem gemeinsamen Buch erzählen die Dorfgründerin Rebecca Lolosoli und die bekannte Fernsehjournalistin Birgit Virnich zusammen die Geschichte von Rebecca und Umoja. Sie dokumentieren den Kampf dieser mutigen Frauen um Eigenständigkeit, Anerkennung und Freiheit in einer mehr als frauenfeindlichen Umgebung.

HELENE JARMER
DAS PLÄDOYER DER
NATIONALRATSABGEORDNETEN

ISBN 978-3-517-08659-0

Leseprobe unter
suedwest-verlag.de

Seit 2009 hat Helene Jarmer einen Sitz im österreichischen
Nationalrat – eine kleine Revolution: Denn sie ist die erste
gehörlose Abgeordnete im deutschsprachigen Raum. Die
keineswegs nur positiven Reaktionen auf ihren Einzug in
die Politik zeigen, dass noch viel für die Gleichberechtigung
behinderter Menschen getan werden muss. Mit ihrer
gesellschaftskritischen Autobiografie setzt Helene Jarmer nun
ein Zeichen für mehr Toleranz, Selbstbestimmung und ein
barrierefreies Miteinander.